Nasr Hamid Abu Zaid / Hilal Sezgin

Mohammed und die Zeichen Gottes

Nasr Hamid Abu Zaid
mit Hilal Sezgin

Mohammed und die Zeichen Gottes

Der Koran und die Zukunft des Islam

HERDER

FREIBURG · BASEL · WIEN

Die Übersetzung des vorliegenden Textes ins Englische wurde freundlicherweise durch die Georges-Anawati-Stiftung gefördert.

Satz: Barbara Herrmann, Freiburg
Herstellung: fgb · freiburger graphische betriebe
www.fgb.de

Gedruckt auf umweltfreundlichem, chlorfrei gebleichtem Papier
Printed in Germany
ISBN 978-3-451-29274-3

Inhalt

1. Verstehen statt verteidigen 7

2. Arabien vor dem Islam 21

3. Die Anfänge der Offenbarung 32

4. Mekka und Medina – Mohammed als geistiger und
   politischer Anführer 45

5. Die vielen Stimmen des Korans 58

6. Das Klare und das Zweideutige – Wege der
   Interpretation 78

7. Die vielen Gesichter des Göttlichen 90

8. Die Schöpfung und ihre Zeichen 105

9. Mensch, Natur und Teufel 119

10. Die Frage nach der Gewalt 129

11. Gleichheit oder Hierarchie? – Das Verhältnis der
    Geschlechter 149

12. Scharia, Gerechtigkeit und Politik 166

13. Dogmatik und das Tor des idschtihad 188

14. Fundamentalismus und moderne muslimische
    Identität 206

Nachwort 220

1. Verstehen statt verteidigen

Der Koran ist die erste und wichtigste Quelle für jeden, der mehr über den Islam erfahren will; das gilt für interessierte Nichtmuslime wie für Muslime selbst. Denn der Koran ist nach islamischem Verständnis eine Offenbarung Gottes: Er enthält die Botschaft, die Gott seinem Gesandten Mohammed hat zukommen lassen, um die damals mehrheitlich dem Polytheismus anhängenden Bewohner der arabischen Halbinsel zum Glauben an den Einen Gott zu bekehren. Dabei verstehen wir Muslime Mohammed nicht als einzigen, sondern als den letzten einer langen Reihe von Propheten, die mit Adam anfängt und über Moses bis zu Jesus reicht.

Nach muslimischer Auffassung hat jeder dieser Propheten im Grunde dieselbe Botschaft von Gott erhalten: den Aufruf zum Glauben, die Einhaltung bestimmter ethischer Ideale und so fort. Die Texte früherer Offenbarungen wie der Thora oder des Neuen Testaments aber sind, so erklärt der Koran, im Laufe der Jahrhunderte verfälscht worden; und aus diesem Grund sandte Gott im frühen 7. Jahrhundert dem Geschäftsmann und Karawanenführer Mohammed in Mekka eine neuerliche Botschaft mit dem Auftrag, sie unter den Arabern zu verbreiten.

Der Koran ist allerdings, ohne Vorwissen gelesen, keine leichte Lektüre. Das liegt an zwei Umständen, die einander wechselseitig verstärken. Zum einen ist der Koran ein historischer Text, entstanden in einer Zeit, die sich von unserer heutigen in vielem unterscheidet; und der Koran reagiert, oft ausdrücklich, manchmal aber auch zwischen den Zeilen, auf

Ereignisse und Verhaltensweisen seiner Zeit. Wenn man die entsprechenden koranischen Aussagen nicht historisch einzuordnen weiß, sondern sie wörtlich auf unsere Zeit überträgt, führt das zu zahllosen Fehldeutungen und Missverständnissen.

Zum zweiten aber wird sich der heutige, zumal der in Westeuropa lebende Leser dem Koran selten unbefangen nähern, sondern er hat bereits diverse vorgefasste Meinungen oder gar manifeste negative Vorurteile über den Islam im Kopf. Das gilt auch für den Muslim, der den Koran einerseits hoffend, andererseits bangend aufschlägt: Er weiß um die Vorwürfe, die immer wieder gegen seine Religion erhoben werden. Er befürchtet, sie bestätigt zu sehen, und wünscht, die Koranlektüre könne sie widerlegen.

Vorurteile gegen den Islam gibt es übrigens nicht erst seit dem 11. September 2001. Das westliche Bild von einer vermeintlich kriegerischen, frauenfeindlichen, rückständigen Religion ist viel älter als jeder islamistische Terror – es lässt sich bis ins 19. Jahrhundert zurückverfolgen, teils sogar bis ins Mittelalter. Ob sie wollen oder nicht, reagieren Muslime auf diese virulenten Vorurteile oft mit einer instinktiven Verteidigungshaltung. Sobald sie aber hoffen, anhand ihrer Heiligen Schrift beweisen zu können, dass das alles gar nicht stimmt, befinden sie sich mitten in einem Dilemma.

Denn auch dieser – durchaus nachvollziehbare – Wunsch zur Verteidigung setzt uns nicht unbedingt in den Stand, den Koran wirklich zu *verstehen*. Das aber ist es, was das vorliegende Buch dem Leser ans Herz legen und an das es heranführen will: den Koran nicht zu verteidigen und nicht anzuklagen; nicht über ihn zu urteilen, sondern ihn zu verstehen. Und um ihn verstehen zu können, müssen wir uns vor allen Dingen bewusst machen: Der Koran ist, auch wenn er Gottes Wort enthält, ein historischer Text. Er wurde gesprochen, verkündet, niedergeschrieben in einer bestimmten historischen Situation, vor dem gedanklichen Hintergrund und in der Sprache jener Zeit. Erst ein Verstehen auf der Basis umfassenden historischen und philologischen Wissens setzt uns in den Stand, den koranischen Text richtig zu interpretieren, somit den überhistorischen Kern seiner Botschaft zu erfassen und dann zu entscheiden, was er für uns Gläubige heute bedeutet.

Der Islam als Religion wiederum darf nicht einfach als die Umsetzung dessen angesehen werden, was im Koran steht. Ein naives Verständnis von Religion suggeriert uns, man müsse nur die richtige Interpretation des Korans herausfinden, und schon wisse man, was der Islam bedeute. Aber der Islam ist, wie jede andere Religion auch, das Ergebnis des Interpretierens und Handelns konkreter Menschen. Was heute als islamische Religion in Erscheinung tritt, ist historisch gewachsen. Schließlich stehen wir heutigen Muslime nicht als erste vor der Situation, uns mit unserer Heiligen Schrift zu befassen und sie auf Situationen anzuwenden, die darin nicht explizit angesprochen sind. Gläubige früherer Zeiten und verschiedenster Gegenden der Welt haben dies vor uns getan. Sie kamen dabei zu unterschiedlichen Ergebnissen, auch wenn die Rede von „dem" Islam die Historizität und die Vielfalt der Religion verwischt.

Schon allein geografisch gesehen gibt es nicht den einen Islam. Heute erstreckt sich der so genannte islamische Kulturraum von Marokko bis Indonesien. Diese Länder haben denkbar viele unterschiedliche kulturelle und historische Hintergründe, und entsprechend viele Gesichter hat auch der Islam. Denn als sich die Araber ausbreiteten und begannen, ihr Reich zu errichten, haben sie dies nicht aus dem Nichts heraus getan, sondern sie bauten auf dem auf, was sie vorfanden. In den eroberten Ländern stießen die Muslime auf Christen, Juden,

Hindus, Zoroastrier, auf alle möglichen religiösen Strömungen und Sekten. Die Araber lernten von anderen Völkern und adaptierten oder transformierten deren Wissen, nicht nur, was Ökonomie und Verwaltung, sondern auch, was Glaubensformen anbetrifft.

Wenn von der Ausweitung des arabischen Reiches die Rede ist, fällt nicht selten das Stichwort der Zerstörung. Doch als sich die Araber ausbreiteten, haben sie keineswegs alles zerstört, was sie vorgefunden haben; weder die indischen, die iranischen noch die ägyptischen Monumente. Auch religiöse Statuen und Kultstätten haben sie nicht zerstört, obwohl der Fernsehzuschauer das aufgrund der Bilder von der Zerstörung der Buddha-Statuen im afghanischen Bamian im Jahr 2001 annehmen könnte. Erinnert man sich an die häufig erwähnte Bilderfeindlichkeit des Islam, dann könnte man meinen, Muslime zerstörten zwangsläufig alle Monumente heidnischer Gottheiten; aber dem ist nicht so, sonst hätten die afghanischen und auch die ägyptischen Monumente ja gar nicht erst so lange überdauert.

Ich werde später noch mehrfach auf das Thema Krieg und auf die von militärischer Gewalt handelnden Koranstellen zu sprechen kommen. Hier sei zunächst nur auf die empirische Seite hingewiesen. Als die Araber des Mittelalters ihre Kalifenreiche errichteten, handelten sie weniger als missionierende Muslime, sondern vielmehr als arabische Eroberer. Man kann kein großes Reich errichten, indem man allen, die man in den eroberten Ländern antrifft, das Messer an die Kehle setzt und sie vor die Wahl stellt, sich entweder zum Islam zu bekehren oder getötet zu werden. Diesen Fehler begingen die Araber nicht! Die frühen Araber haben nicht alles vernichtet, was sie vorgefunden haben, sondern darauf aufgebaut. Und sie haben kulturelle Errungenschaften und religiöse Ideen aufgenommen, übernommen und sie zu dem weiterentwickelt, was wir heute als die verschiedenen Traditionen der islamischen Kulturen kennen. Unter anderem daher gibt es bis heute unzählige lokale Ausformungen des Islam. Andere Unterschiede verdanken sich jüngeren Entwicklungen. Der Islam in Saudi-Arabien zum Beispiel ist durch die Dogmen des Wahhabismus bestimmt, der seine Bezeichnung dem Theologen Muhammad ibn Abd al-Wahhab (1703–1792) verdankt. Der Wahhabismus propagierte ein sehr strenges System der Auslegung des Korans, verwarf viele der bis dahin bestehenden Praktiken der Volksfrömmigkeit als unislamisch und erlaubt bis heute keine Trennung zwischen Politik und Religion, keine von der Religion unabhängigen Institutionen, kein weltliches Gesetz. Unter dieser wahhabitischen Lehre begann das Herrscherhaus der Saudis im 18. Jahrhundert die Stämme der arabischen Halbinsel politisch zu Saudi-Arabien zu vereinen. Aus historischer Sicht handelt es sich um eine revolutionäre Bewegung im arabischen Kontext des 18. Jahrhunderts, der Wahhabismus darf also nicht auf eine besonders ursprüngliche Form des Islam reduziert werden. Ganz im Gegenteil handelt es sich um ein vergleichsweise modernes, neuzeitliches Phänomen, mit dem eine Form des traditionellen islamischen Fundamentalismus wiederbelebt wurde.

Zu einem großen Teil aber verdanken sich die heutigen Unterschiede zwischen den Formen des Islam den geschichtlichen Abläufen weit vor dem Auftreten Mohammeds. In Ägypten zum Beispiel hatten jahrtausendelang die Pharaonen geherrscht, später die Perser, die Griechen und die Römer. Letztere nahmen schließlich das Christentum an, ohne dabei allerdings sämtliche altägyptische Ausdrucksformen aufzugeben. Ebenso blieb auch der Islam in Ägypten nicht unberührt von der dortigen Kultur.

Erst die jeweiligen lokalen Kulturen haben den Islam in den einzelnen Regionen zu dem werden lassen, als der er uns heute begegnet. Ohne solche Interaktionen mit dem kulturellen Erbe Indiens oder Irans oder mit dem Hellenismus ist der Islam nicht vorzustellen. Er hat sich nicht einfach nur aus seinen frühesten Wurzeln auf der arabischen Halbinsel herausgefaltet wie ein Schößling aus einem Samen und dann über andere Länder ausgebreitet, wie es die Idee des Fundamentalismus suggeriert. Sondern wir bekommen die wechselseitige Beziehung, die der Islam mit den Kulturen dieser Welt eingegangen ist, bis heute plastisch vor Augen geführt, wenn wir uns seine konkreten Ausformungen ansehen, im täglichen Leben überall auf der Welt.

An solchen historischen Phänomenen gegenseitiger kultureller Beeinflussung kann man auch sehen, dass der Islam, wie jede Religion, Menschenwerk ist. Das mag sich paradox anhören, insbesondere weil es in letzter Zeit gängig geworden ist, zwischen dem Islam – der reinen Religion gewissermaßen – und den Muslimen zu unterscheiden. Man greift zum Beispiel gern zu dieser Unterscheidung, wenn man einige historische Entwicklungen kritisieren und andere Züge als die angeblich wahrhaft islamischen hervorheben will. Doch eine Religion ist immer das, was die Menschen aus ihr machen; und an ihrer Geschichte muss sie sich messen lassen – nur dass diese Geschichte nie allein einem roten Faden, sondern immer mehreren Strängen folgt, die mal mehr, mal weniger rühmlich, mal mehr, mal weniger nachahmenswert sind.

Dass Religion von Menschen gemacht ist, heißt nicht, ihre metaphysische, transzendentale Seite – kurz: ihren Bezug auf das Göttliche zu unterhöhlen. Aber das Göttliche spricht nun einmal zum Menschlichen. Nichts anderes bedeutet die Idee des Prophetentums: Gott zeigt sich den Menschen durch auserwählte Individuen und offenbart sich über die menschliche Sprache. Wir Menschen versuchen, diese Botschaft zu entschlüsseln, zu bewahren und in unserem irdischen Leben zur Anwendung zu bringen, so gut wir es eben können. Unterschiedliche Zeitalter und theologische Schulen heben unterschiedliche Dinge hervor und legen sie auf ihre Weise aus – all das macht zusammen die Geschichte des Islam aus, von dem heute gern so geredet wird, als habe es einmal ein einziges, wahres Verständnis gegeben, das später korrumpiert worden sei.

Dabei merkt man, wenn man sich den Islam vergangener Jahrhunderte, nicht seinen heutigen Zustand, anschaut, wie dynamisch diese Religion einst war. Immer wieder hat sich der Islam verändert, wurden unterschiedliche Auslegungen entwickelt, theologische Traditionen begründet, die unterschiedlichsten Riten und Praktiken befolgt. Es gab viele verschiedene Rechtsschulen, und das Recht selbst war ja wiederum nur eine Sparte der vielen islamischen Wissenschaften. Auch wenn sich in diesem Punkt muslimische Fundamentalisten und westliche Skeptiker bisweilen merkwürdig einig sind und so tun, als bestünde der Islam einzig aus der so genannten Scharia: Islamische Kultur und Religion erschöpft sich nicht in der Rechtswissenschaft! In der Geschichte des Islam zwischen dem 10. und dem 14. Jahrhundert christlicher Zeitrechnung entwickelten sich Theologie, Logik, Philosophie, und darunter wieder alle möglichen Strömungen wie Rationalismus und Aristotelianismus, Neoplatonismus, Gnostik sowie die Mystik.

Allein die Mystik kennt so viele verschiedene Ausprägungen, dass es fast irreführend ist, sie als islamische Mystik in eine einzige Kategorie zu stecken. Man überlege nur einmal, welche Spannbreite allein zwischen Ibn Arabi (geb. 1165 n. Chr. in Murcia, gest. 1240 in Damaskus) und Ibn Ruschd (oder Averroes, geb. 1126 in Cordoba, gest. 1198 in Marrakesch) bestand – und wie viele Gemeinsamkeiten hat dieser Islam mit dem heutigen in, sagen wir, Saudi-Arabien? Auch gegenwärtig, direkt vor unserer Nase, in Europa, gibt es diese Vielfalt. Wenn man den Medien Glauben schenkt, könnte man meinen, alle Muslime in Europa praktizierten eine bestimmte, sehr traditionelle Form des Islam, die sie hindere, am hiesigen modernen Leben teilzunehmen. Die Bilder, die wir im Fernsehen und in Zeitschriften zu sehen bekommen, ähneln und wiederholen sich bis zum Überdruss. Das Kuriose dabei ist, dass die Mehrheit der Muslime dabei gar nicht gezeigt wird; sie werden nicht wahrgenommen und fallen nicht auf. Jeden Tag gehen diese Menschen zur Arbeit, sie bringen ihre Kinder zum Kindergarten, sind voll integriert – und sie sind Muslime. Wie viele dieser Muslime sind im Fernsehen zu sehen?

Machen wir doch einmal die Probe aufs Exempel. Besuchen wir eine x-beliebige Moschee in irgendeiner westeuropäischen Großstadt und beobachten wir, wie viele Menschen diese Moschee aufsuchen, um zu beten. Vergleichen wir die Größe dieser Gemeinde daraufhin mit den statistischen Angaben zu den Muslimen, die in dieser Stadt leben, werden wir bemerken, dass es nur eine Minderheit ist, die wir in der Moschee zu Gesicht bekommen haben. Wenn wir unseren Blick allein auf die Moscheevereine konzentrieren, wie es auch die bundesdeutsche Politik lange getan hat, übersehen wir etwas: Die allergrößte Mehrheit der Muslime, auch in den europäischen Ländern, ist in der Öffentlichkeit noch nicht repräsentiert, sie schweigt und wird mit Schweigen übergangen. Und das Image des Islam wird durch eine Minderheit geprägt, deren Einfluss man noch künstlich durch eine bestimmte Art der Berichterstattung verstärkt.

In manch anderen Fällen legen die Medien auch denjenigen Muslimen, die versuchen, ihre Stimme zu erheben und etwas zu bewegen, massive Hindernisse in den Weg. Nehmen wir das Beispiel des Islamwissenschaftlers Tariq Ramadan (1962 in Genf geboren), der oft als prominenteste Figur eines Euro-Islam bezeichnet wird. Er hat diverse Bücher über den Propheten Mohammed, aber vor allem auch über die Entwicklung der muslimischen Gemeinschaft in Europa veröffentlicht. Dabei versucht er, eine durchaus traditionelle Lesart des Korans mit den politischen Idealen westlicher Demokratien zu verbinden. In den westeuropäischen Medien wurde allerdings oft daran gezweifelt und darüber gestritten, ob er aufrichtig sei oder ob er nicht vielmehr seine wahren, nämlich doch antidemokratischen und aggressiv missionarischen Motive verberge. Ich glaube, dass es sich die Öffentlichkeit hier zu leicht macht. Denn Beweise für derartige Vermutungen fehlen bislang, und noch nicht einmal Indizien gibt es. Es bleibt somit alles Spekulation.

Natürlich kann man jeden, der öffentlich für eine bestimmte Sache eintritt, verdächtigen, er führe insgeheim etwas ganz anderes im Schilde. Aber solche Verdächtigungen sind gefährlich, wenn sie an die Stelle wirklicher, begründeter Urteile treten. Sinnvoller scheint es mir, wir würden aufhören, über die Person Tariq Ramadans zu spekulieren, und stattdessen endlich damit beginnen, über seine Schriften zu sprechen. Ich gestehe, dass ich nicht mit allem einverstanden bin, was er schreibt; aber ich glaube trotzdem, dass seine Schriften einen sehr positiven Einfluss auf die Entwicklung des Islam in Europa haben könnten.

Es mag sein, dass man in seinen Büchern und Gedanken bisweilen auf etwas stößt, das nicht recht zueinander passen will; dann muss man darüber eben diskutieren. Ich will gar nicht behaupten, dass Tariq Ramadan ohne Widersprüche ist – Widersprüchlichkeit ist schließlich ein wesentliches Element allen menschlichen Denkens und Handelns. Aber wir müssen uns mit den tatsächlichen Inhalten auseinandersetzen, nicht mit den Intentionen, die diese Person eventuell haben *könnte*. Die Verdächtigung ist keine gute Grundlage für Kommunikation.

Leider ist das Gefühl, permanent unter Verdacht zu stehen, ein Merkmal der momentanen gesellschaftlichen Situation der Muslime in Westeuropa. Und genau darin liegt ein wesentlicher Grund, warum sie sich so oft in einer Position wiederfinden, die ich den apologetischen oder polemischen Diskurs nenne. Apologetisch, weil sich Muslime gegen solche Unterstellungen und Verdächtigungen verteidigen müssen. Polemisch, weil sie dabei dazu neigen, Vorwürfen auszuweichen oder sie zurückzugeben, statt die Diskussion auf einer inhaltlich-sachlichen Ebene zu führen.

Immer wenn eine bestimmte soziale Gruppe dämonisiert, wenn ihre Art zu denken von vornherein diskreditiert und in eine bestimmte Ecke gestellt wird, wird sie entsprechend reagieren. Strategische Erwägungen halten in die Kommunikation Einzug und verzerren die Kommunikationssituation. Zwar gilt für jede Kommunikation, dass die Erwartungshaltung und der Adressat den Inhalt und die Bedeutung des Gesagten mit formen. In einer Situation der Verdächtigung aber beginnen die Betroffenen instinktiv, über das dem Inhalt förderliche Maß hinaus zu überlegen, an welchen Adressaten sich ihre Rede jeweils richtet.

So macht es einen Unterschied, ob man beispielsweise zu einer Gruppe wohlmeinender, interessierter Muslime über den Koran spricht oder zu einer Gruppe skeptischer, gar misstrauischer Nichtmuslime. Nehmen wir an, wir werden mit einer Koranstelle konfrontiert, die schwierig zu verstehen ist, ja, die für unsere heutigen Ohren vielleicht sogar sonderbar klingt oder deren Inhalt uns erst einmal nicht passt. Nehmen wir an, jemand präsentiert uns eine solche Stelle und fragt, was er damit anfangen soll.

In diesem Fall kann man jetzt abwehrend sagen: Nein, das stimmt nicht, da besteht gar kein Problem. Das wäre die polemische Reaktion, die man sogar noch steigern kann, indem man zurück gibt: Du interessierst dich für die Widersprüche innerhalb des Korans? Dann erklär du mir doch mal die Widersprüche der Bibel! – Wie gesagt, es handelt sich um reine Abwehr, und die führt uns nirgendwohin.

Die bessere Reaktion wäre zu sagen: Ja, das stimmt, diese Stelle ist tatsächlich schwierig – lassen Sie mich also erklären, in welcher Situation sie entstand und wie wir sie zu lesen haben. Denn tatsächlich gibt es bestimmte Verse im Koran und bestimmte Regeln im islamischen Recht, die im Widerspruch zu modernen Überzeugungen und Standards stehen. Aber es gibt eine Erklärung für diese Stellen – und etwas zu erklären ist eben etwas anderes, als es zu rechtfertigen! Dieser Unterschied ist entscheidend. Wenn wir von unserem Impuls zu rechtfertigen ablassen und dazu übergehen zu erklären, können wir die Grenzen des polemischen Diskurses überschreiten. Dann können wir endlich auch damit aufhören, dem Anderen widersprüchliche Stellen aus seiner oder ihrer Heiligen Schrift vorzuhalten.

Ich selbst bin schon oft in diese Zwickmühle geraten, wenn ich eingeladen war, über Religion und Gewalt zu sprechen. Ohne dass man mich explizit dazu aufgefordert hätte, fand ich mich in einer Situation wieder, den Islam verteidigen zu müssen.

Aber es ist nicht meine Aufgabe, als Apologet des Islam aufzutreten. So etwas habe ich nicht nötig, und genauso wenig jeder andere Muslim.

Typischerweise sitzt man dann aber als einziger Muslim zwischen katholischen Priestern und Vertretern des Judentums, und es ist ganz natürlich, dass sie die Vorzüge ihrer Religion herausstellen und betonen, welch wunderbaren ethischen Ideale im Christentum und im Judentum enthalten sind. Kommt man schließlich selbst an die Reihe, als Muslim, dann muss man erst einmal klarstellen, dass der Islam nicht eine Religion des Kriegs ist, sondern dass auch er ethische Ideale enthält.

In aller Selbstverständlichkeit spricht der katholische Priester von Jesus, von der Liebe, von der Nächstenliebe – während man als Muslim erst einmal gezwungen ist, Beweismaterial für den ethischen Wert der eigenen Religion heranzuschaffen. Was folgt, sind eingefahrene Bahnen der Verteidigung. Man argumentiert etwa mit einem Hinweis auf die Grußformel *as-salam aleikum*, „Friede sei mit dir"; oder man geht auf die *basmallah* ein, die Formel, die Muslime vor all ihren Unternehmungen verwenden, und die heißt: „Im Namen Gottes, des Erbarmers …" Um daraus das Fazit zu gewinnen: Seht ihr, auch wir haben einen barmherzigen Gott!

Doch gehen all solche Antworten eigentlich an der Frage nach Religion und Gewalt vorbei. Tatsächlich hat es in der Geschichte des Islam bis in die Gegenwart Krieg und Gewalt gegeben, ebenso wie im Judentum; und mit der Friedfertigkeit der christlichen Lehre allein kann man die Kreuzzüge nicht erklären. Wenn man die politischen Konsequenzen der Religionen studieren will, muss man sich auf das Gebiet der Geschichte begeben, nicht in die Exegese heiliger Schriften.

In einem Text findet man vielfältige Bedeutungen. Das ist das Besondere der Sprache und des Textes, dass sie mehrere

Bedeutungen und Bedeutungsverschiebungen kennen. Das Spiel der Sprache erlaubt Offenheit, was zunächst einmal nichts Negatives, sondern vielmehr eine Chance bedeutet. Wenn man sich allerdings auf den Versuch einer Rechtfertigung einlässt, verhält man sich wie ein spitzfindiger Rechtsanwalt, der einen Gesetzestext mit einer vorgegebenen Absicht studiert. Man schiebt den Text hin und her und versucht, das Passende zu finden.

Damit wird man dem Text allerdings nicht gerecht, kann ihm gar nicht gerecht werden. Und den empirischen Phänomenen kommt man damit auch nicht auf die Spur: Wie ich schon zu erklären versucht habe, lässt sich die praktische, politische Bedeutung einer Religion nicht in dem Text selbst finden, sondern in der Wechselwirkung zwischen Text und historischen Prozessen, in der Interaktion der Gläubigen mit ihren heiligen Texten.

Das heißt selbstverständlich nicht, dass man nicht in einem normativen Sinne von einer Religion sprechen könnte. Natürlich habe ich ein bestimmtes Verständnis des Islam, und ich kann es am Text des Korans und vor dem historischen Hintergrund begründen. In bestimmten Überzeugungen und Idealen erkenne ich den Kern des Islam, etwas, das dem Islam zutiefst innewohnt.

Dennoch darf ich dabei nicht vergessen: Dies ist mein modernes Verständnis des Islam, ein Verständnis, das sich in einer bestimmten Zeit geformt hat, unter bestimmten Bedingungen; und es ist nicht für die Ewigkeit. Es ist offen für weitere Interpretationen und Uminterpretationen, es muss sich öffnen, wieder und wieder. Es ist weder abgeschlossen noch absolut; ansonsten würden wir einfach nur ein weiteres Dogma fabrizieren. Aber mit unserer Heiligen Schrift hat uns das Göttliche ein Mittel an die Hand gegeben, das sich immer wieder zum

Lesen und Verstehen, zur Diskussion und zum Gebet verwenden lässt.

Daher glaube ich zwar, dass ich als Arabist, Philologe und Linguist einen Weg vorschlagen kann, diesen Text zu interpretieren, und es ist hoffentlich eine Lesart, die uns hilft, den Text zu verstehen. Aber auch dies soll keine abgeschlossene Lesart sein.

2. Arabien vor dem Islam

Die Lesart des Korans, die wir meiner Auffassung nach brauchen, ist eine historisch informierte Lesart. Damit meine ich,
dass wir nicht nur die islamische Religion als historisches Phänomen verstehen, sondern auch den Koran selbst in seinen zeitlichen Hintergrund einbetten und seine Verse vor diesem Kontext lesen müssen. Und das bedeutet nicht etwa, dass manche
Verse des Korans eine ewige Sprache besitzen, die sich über alle
Zeiten hinweg von selbst erklärt, während nur einige andere
zeitgebunden sind. Nein, der gesamte Koran hat eine historische
Dimension, die für sein korrektes Verständnis wichtig ist.

Leider aber ist es um das Wissen der Muslime, was den historischen Hintergrund des Korans angeht, sehr unterschiedlich
bestellt; manche kennen sich gut damit aus und andere gar
nicht. Ich will daher versuchen, einige solcher Informationen
beizusteuern und Hintergründe zu erläutern, und im Laufe
dieses Buches auch immer wieder darauf eingehen, wie uns
das historische Verständnis im Falle einzelner Koranverse hilft,
vom Wortlaut des historischen Textes auf den Kern der nach
wie vor gültigen Botschaft zu schließen. Dieser Interpretations-
prozess kombiniert ein philologisch-kritisches Vorgehen mit
theologischer Diskussion.

Doch beginnen wir zunächst mit den unstrittigen empirischen Fakten. Es war im Jahr 610 n. Chr. in Mekka, als Mohammed zum ersten Mal erklärte, dass das Göttliche mit ihm
in Kommunikation getreten sei, dass er eine Botschaft von
Gott empfangen habe und aufgefordert worden sei, diese Botschaft an seine Gemeinschaft weiterzugeben. Allerdings muss

man noch ein gutes Stück weiter zurückgehen, um sich die Situation seiner damaligen Umgebung, des heutigen Saudi-Arabien – und damit den Kontext der Entstehung des Korans zu verdeutlichen. Im Norden der arabischen Halbinsel berührte Arabien – das zu dieser Zeit noch kein zusammenhängendes Reich bildete und daher auch keine eigenen Grenzen besaß – die Ränder zweier Großreiche, die miteinander im Wettbewerb, oft genug sogar in kriegerischer Auseinandersetzung standen: das Oströmische Imperium, zu dem auch Syrien, Palästina und Ägypten gehörten, und das Persische Reich der Sassaniden.

Einen bedeutenden Faktor des damaligen Welthandels stellten die Landhandelswege dar, die von Süd nach Nord durch Arabien führten, zwischen Aden im heutigen Jemen auf der einen und Basra, Gaza, Damaskus und dem Mittelmeer auf der anderen Seite. Aus dem Süden der arabischen Halbinsel wurden heimischer Weihrauch und Datteln nach Norden transportiert sowie Edelsteine und Gewürze, vor allem Pfeffer und Zimt, die auf dem Schiffsweg aus Indien und China kamen. In umgekehrter Richtung wurden unter anderem Wein, Korallen und Glas nach Indien verschickt. Die mit diesen Gütern beladenen Karawanen zogen auf ihren Süd-Nord-Routen von Oase zu Oase.

Sowohl Byzanz als auch die persischen Sassaniden hätten diesen Transithandel nur zu gern unter ihren Einfluss gebracht, und dabei konkurrierten sie nicht nur miteinander, sondern auch mit den Beduinen der arabischen Halbinsel, die die Karawanen immer wieder überfielen, um so auf ihre Weise an den Gütern teilzuhaben.

Auch, aber nicht nur in Folge des Handels war die Stadt Mekka gewachsen und im späten 6. Jahrhundert zu einigem Wohlstand gekommen. Weil sich verschiedene Karawanenrouten hier kreuzten, war Mekka zu einem wirtschaftlichen Zentrum aufgestiegen. Doch auch die Pilger, die die Kaaba aufsuchten, trugen zu Wohlstand und Bedeutung der Stadt bei. Denn zur Kaaba, die heute die Form eines würfelförmigen, mit besticktem schwarzem Stoff umhüllten Gebäudes hat, pilgern nicht erst die Muslime alljährlich, sondern sie wurde schon vor dem Islam als Heiligtum verehrt.

In religiöser Hinsicht herrschte im damaligen Arabien allerdings alles andere als Einigkeit. Manche Stämme waren zum Christentum, andere zum Judentum konvertiert. Die allermeisten Araber aber waren Polytheisten; sie verehrten Stammesgottheiten, Bäume und lokale Heiligtümer wie eben die Kaaba in Mekka. Auch die Pilgerfahrt, der Hadsch, ist keine Erfindung des Islam; er war ursprünglich nicht nur eine religiöse Angelegenheit, eine rein spirituelle Pilgerfahrt, sondern diente ebenso dem Zweck, weltlichen Angelegenheiten und insbesondere dem Handel nachzugehen; der Hadsch war also eine Kombination von ökonomischer und religiöser Aktivität. Der Koran spricht diese legitime Verquickung von Religiösem und Profanem an, wenn es in der 22. Sure heißt:

> 27. Und rufe die Menschen zur Pilgerfahrt. Lass sie zu dir kommen zu Fuß und auf allen möglichen flinken Reittieren, aus den fernsten Gegenden. 28. Damit sie die Vorteile davon erfahren können und damit sie über das Vieh, mit dem Wir sie versorgten, den Namen Gottes aussprechen, an den (zum Opfern) bestimmten Tagen.

Doch Mekkas Reichtum weckte auch Begehrlichkeiten. Im so genannten Elefantenjahr – der islamischen Überlieferung nach war es das Jahr 570, das Jahr also, in dem Mohammed geboren sein soll – startete der christlich-arabische König Abraha von Jemen eine Kampagne gegen Norden, mit der er versuchte, Mekka unter seine Kontrolle zu bringen. In seinen Truppen führte er auch einen oder mehrere Kriegselefanten mit. Der Koran erzählt von diesem Feldzug in der 105. Sure:

> 1. Hast du nicht gesehen, wie dein Herr an den Leuten des Elefanten gehandelt hat? 2. Hat Er nicht ihre List ins Leere gehen lassen 3. und Vögel in Schwärmen über sie gesandt, 4. die sie mit Steinen aus übereinander geschichtetem Ton bewarfen, 5. und sie somit gleich abgefressenen Halmen gemacht?

Der Angriff konnte abgewehrt werden, und der Koran führt dies als Beispiel für Gottes Fürsorge für die Bewohner Mekkas an. Dass es diesen Versuch zur Eroberung Mekkas gegeben hat, davon berichtet allerdings nicht allein der Koran, es handelt sich auch um eine außerkoranisch belegte historische Tatsache.

Mekka selbst erlebte den Aufstieg mächtiger Clans, deren neuer Wohlstand daher rührte, dass sie sich daran beteiligten, die Karawanen zu beschützen, und so ebenfalls in den Genuss des ökonomischen Aufschwungs kamen. Neben der nomadischen Lebensweise hatte sich in den Oasen und Handelsstädten ein sesshafter Lebensstil entwickelt, eine fast städtisch-bürgerliche Lebensweise. Von genau diesem weltlichen Hintergrund dürfen wir die folgenden religiösen Entwicklungen nicht abtrennen, sonst werden wir vieles aus der Frühgeschichte des Islam nicht richtig verstehen. Denn die neue Prosperität Mekkas brachte der Stadt nicht nur soziale Zufriedenheit, sondern verstärkte auch bereits bestehende Spannungen zwischen Arm und Reich. Bis dahin war die einzige Form politischer Bündnisse die zwischen Stämmen und Clans, deren Angehörige miteinander blutsverwandt waren; es gab keine darüber hinausgehenden politischen Bande, die die Bewohner einer Gegend zusammenhielten oder gar soziale Spannungen auffangen und regulieren konnten.

Die Situation der Bewohner der arabischen Halbinsel verlangte nun nach einer neuen Form von sozialer Struktur; die Stämme waren an einen Punkt gelangt, wo sie dieses System der Blutsverwandtschaft nicht mehr befriedigte, zumal es unter Bedingungen großer Wasserknappheit oft zu Aggressionen führte. Immer wieder kämpften Stämme gegeneinander, und um dieses Blutvergießen wenigstens etwas einzudämmen, hatte man bestimmte Monate festgelegt, in denen es verboten war zu kämpfen. Diese drei heiligen Monate Radschab, Schaban und Ramadan, der heutige Fastenmonat, werden auch im Koran erwähnt.

Sowohl der Hadsch als auch die drei gesegneten Monate sind also bereits vorislamische Institutionen. Sie zeugen von dem starken Bedürfnis der Araber, insbesondere der Kaufleute unter ihnen, neue Formen des Zusammenlebens zu finden. Und genau an diesem Punkt müssen wir mit unserem Verstehen des Islam ansetzen: Wir müssen uns den Islam als Antwort auf eine von gesellschaftlichen Problemen motivierte Suche vorstellen, als eine realistische Lösung für bestimmte historische und politische Probleme. Die Dringlichkeit dieser Probleme erkennt man übrigens allein schon daran, dass Mohammed nicht der einzige war, der in jener Zeit als Prophet auftrat, sondern dass viele damals diesen Anspruch erhoben.

Warum betone ich diesen historischen Rahmen so sehr? Weil es uns, wenn wir uns diesen historischen Hintergrund nicht vergegenwärtigen, äußerst rätselhaft vorkommen muss, warum Gott ausgerechnet zu diesem Zeitpunkt einen Propheten ausgerechnet zu den Arabern sandte. Sicher, es gibt theologische Erklärungen: dass die Schriften früherer Offenbarungen verfälscht worden seien und darum Mohammed gesandt wurde, um eine neue, unverfälschte Botschaft zu überbringen. So antworten Theologen – aber eine historisch befriedigende Erklärung liefern sie damit nicht.

Völlig unabhängig davon, ob und was man im Einzelnen glaubt, besteht dieser historische Hintergrund, der erklärt, warum der Islam zu genau dieser Zeit in genau dieser Region entstand: Er gab eine Antwort auf dringende Fragen Arabiens, Fragen ökonomischer, politischer, sozialer und religiöser Art. Wobei daran zu erinnern ist, dass zwischen all diesen Bereichen damals ohnehin nicht getrennt wurde. Das Soziale, Politische und Ökonomische auf der einen Seite war untrennbar mit dem Religiösen auf der anderen Seite verbunden. Man meinte, alles mit religiösen Begriffen erklären und erfassen zu können, ja, man verfügte über gar keine anderen als religiöse Begriffe.

Soweit habe ich nichts wirklich Neues erzählt, all das ist bekannt und kann in den vielen Büchern, die sich mit der Frühzeit des Islam beschäftigen, nachgelesen werden. Das Interessante ist nun, dass wir im Koran selbst Hinweise auf diese Geschehnisse finden, dass der Koran also den historischen Kontext seiner Entstehung widerspiegelt, und zwar in einer sehr poetischen, eben typisch koranischen Sprache. Wir müssen uns den Koran als eine spezifische Art von Erzählung vorstellen, besser: als eine Sammlung von Erzählungen. Die Sure, die an das Elefantenjahr erinnert, habe ich bereits erwähnt. Der Koran erzählt darin den Bewohnern von Mekka, dass sie dankbar sein sollten, weil Gott sie damals beschützt und versorgt habe; dass also Gott für sie den Elefanten besiegt habe.

Andere Stellen beziehen sich auf die Kämpfe zwischen den Christen und den Persern, auf die beiden Opponenten also, die sich mit Blick auf die wirtschaftliche Vorherrschaft gegenüberstanden. In Sure 30 erzählt der Koran, dass die Byzantiner besiegt worden seien, dass sie aber später noch triumphieren würden:

2. Die Byzantiner sind besiegt worden 3. im nächstliegenden Land. Aber sie werden nach ihrer Niederlage selbst siegen, 4. in einigen Jahren. Gott gehört der Befehl vorher und nachher. An jenem Tag werden die Gläubigen sich freuen 5. über die Unterstützung Gottes. Gott unterstützt, wen Er will. Und Er ist der Mächtige, der Barmherzige ...

Diese Sure wurde in den Anfangsjahren des Islam in Mekka geoffenbart. Daran, dass sich die Gläubigen über den Sieg von Byzanz freuen würden, kann man ersehen, wie stark in der Frühzeit bei den Muslimen noch das Verständnis vorherrschte, gemeinsam mit den Juden und Christen zu den „Völkern der Schrift" zu gehören. Die Perser hingegen, mehrheitlich Zoroastrier, wurden als Ungläubige wahrgenommen. Wenn wir solche Verse lesen, finden wir darin also historische Ereignisse reflektiert, allerdings in einer sehr metaphorischen und allegorischen Sprache.

Neben solchen Bezugnahmen aufs damalige historische Geschehen begegnet uns im Koran häufig ein weiterer Kontext. Es wird nämlich auf Ereignisse rekurriert, die wir auch aus dem Alten Testament kennen. Überall auf der arabischen Halbinsel gab es christliche und jüdische Stämme, weswegen man wohl voraussetzen darf, dass viele biblische Inhalte bekannt waren. Allerdings kannte man sie wohl eher in einer populären Fassung, nicht unbedingt in ihrer gesamten theologischen Tiefe. Bereits der große Geschichtsphilosoph Ibn Chaldun (geb. 1332 in Tunis, gest. 1406 in Kairo) warnte, man dürfe nicht glauben, dass die arabischen Christen oder Juden allesamt versierte Theologen gewesen seien; sie waren ganz normale, eben zu einer der beiden Religionen konvertierte Araber. Und damals waren die meisten Bewohner der arabischen Halbinsel illiterat, ob jüdisch oder nichtjüdisch, christlich oder nichtchristlich; in theologischen Debatten war man nicht bewandert.

Obwohl also die Kenntnis vieler biblischer Erzählungen mit ihrer mündlichen Weitergabe zu erklären ist, stellt sich die Frage, ob es darüber hinaus auch eine arabische Übersetzung der Thora oder der Evangelien gegeben hat. Gewisse Stellen in der *sira*, also in den Berichten über die Biografie des Propheten Mohammed, lassen das vermuten. Einmal heißt es, ein Gläubiger habe in der Thora gelesen. Das habe Mohammed wütend gemacht, und er habe gefragt, wieso dieser Gläubige denn in der Thora lese und nicht im Koran, den zu lesen ihm, dem Gläubigen, besser anstünde. Daraus kann man schließen, dass zumindest Teile der Thora ins Arabische übersetzt waren, denn auch ein des Lesens und Schreibens kundiger Araber wird die Thora nicht auf Hebräisch gelesen haben.

Auch kennen die islamischen Quellen in Mekka einen Christen namens Waraqa ibn Naufal, der womöglich das Evangelium auf Arabisch schreiben und lesen konnte. Dieser Mann ist für die Anfänge des Islam sehr bedeutend, insofern sich Mohammed bei ihm das nötige Wissen holen konnte, um sich der Wahrhaftigkeit seiner Vision zu vergewissern.

Nun könnte ein streng offenbarungsgläubiger Muslim einwenden, dass Mohammed dieses Wissen nicht von menschlicher Seite zu erhalten brauchte, weil ihm ja alles direkt von Gott eingegeben wurde. Doch die entsprechenden historischen Quellen sind allgemein bekannt und gehören der islamischen Tradition selbst an. Sie erzählen von eben jenem ibn Naufal oder überhaupt davon, wie Mohammed erst nach und nach erkannt hat, welche Rolle als Prophet ihm zugedacht war. Eine solche Quelle ist die Hadith-Sammlung al-Bucharis (geb. 810 in Buchara, gest. 870 bei Samarkand), eine der kanonischen Sammlungen

von überlieferten und möglichst sicher verbürgten Prophetenworten. Das erste Buch, Bericht 3 gibt wieder, wie Mohammeds
Ehefrau Aischa den Beginn der Offenbarungen schildert: Sie begannen damit, dass Mohammed im Schlaf eine Vision hatte, die
am Morgen so klar wie Tageslicht war. Dann pflegte er sich allein auf den Berg Hira bei Mekka zurückzuziehen, um sich der
Kontemplation zu widmen.

Als Muslim kann man sich nun überlegen, welche Schlüsse
man aus dieser Information ziehen will. Was tat Mohammed
auf dem Berg Hira? Was für eine Art Kontemplation war das?
Gehörte er vielleicht irgendeiner Form von religiöser Gemeinschaft an?

Die Vorstellung, dass Mohammed Anhänger einer bestimmten religiösen Gemeinde gewesen sein könnte, lehnen
die meisten Muslime ab. Sie gehen einfach davon aus, dass
Mohammed keiner Art religiöser Praxis verbunden gewesen
sei. Und um Mohammeds Prophetentum hervorzuheben, versuchen Mohammeds Biografen oft, ihn als jemanden dar-
zustellen, der sich von seiner Gemeinschaft absonderte.

Letzteres zumindest ist wenig glaubhaft. Wenn Mohammed
in seiner Gemeinschaft bekannt und als vielfältig begabte Person geachtet war, wird er nicht jemand gewesen sein, der sich
allen gemeinschaftlichen Aktivitäten entzogen hat. Wir wissen
ja, dass ihn seine erste Frau, die Witwe Chadidscha, zunächst
als Karawanenführer eingestellt hatte. In ihrem Auftrag reiste
er möglicherweise bis nach Syrien, auch wenn wir über keine
Details verfügen, wohin er genau gekommen ist. Dass ihn
aber diese reiche Geschäftsfrau geheiratet hat, zeigt bereits,
dass er bestimmte Qualitäten vorzuweisen hatte, sowohl als
Mensch wie auch als Handelspartner. Wir müssen uns Mohammed als jemanden vorstellen, der ein reges Mitglied seiner
Gemeinschaft war, bevor er von seiner Offenbarung berichtete.

Wie dem auch sei: Auf einen Berg zu gehen, um dort kontemplative Übungen zu verrichten, ist eine religiöse Handlung, und zwar eine Handlung mit Tradition. Von allen möglichen Mönchen wissen wir, dass sie entlegene Orte aufgesucht haben. Man hat Klöster nicht im Zentrum einer Stadt oder eines Dorfes errichtet, sondern an einer Straße oder auf der Spitze eines Berges. Mohammed ist hier also einer Praxis gefolgt, die auch bei anderen verbreitet war. Damit will ich nicht sagen, dass Mohammed ein Christ oder ein Jude gewesen sei. Doch er hatte eine gewisse religiöse Voreinstellung, eine Orientierung, das Wissen um eine Tradition, das ihn dazu brachte, bestimmte religiöse Formen zu praktizieren – wie eben die Kontemplation auf jenem Berg.

Trotzdem hatte er nicht mit dem gerechnet, was ihm widerfuhr. Eines Nachts, so fährt der oben angeführte Bericht nach Aischa fort, sah Mohammed den Engel Gottes am Himmel, und er war zu Tode erschrocken. Er verließ seine Einsiedelei mit starkem Herzklopfen. Als er zu seiner Frau Chadidscha heimkehrte, zitterte er vor Angst, und sie versuchte ihn zu beruhigen: „Bei Gott, Gott wird dich nie in Ungnade fallen lassen! Du verhältst dich gut gegenüber deiner Verwandtschaft, hilfst den Armen und den Notleidenden, bist als Gastgeber großzügig zu deinen Gästen und stehst denen zur Seite, die ein Unheil heimgesucht hat."

Dann begleitete Chadidscha Mohammed zu dem bereits erwähnten Waraqa ibn Naufal, der nämlich ihr Cousin war, und Mohammed berichtete ihm von dem Erlebten. Und der Mann erklärte ihm: „Das ist der Engel Gabriel gewesen, den Gott bereits zu Moses gesandt hat. Ich wünschte nur, ich wäre noch jung und könnte so lange leben, bis deine Leute dich vertreiben. Mohammed fragte: Werden sie mich denn vertreiben? Und ibn Naufal antwortete: Jedem, der mit einer solchen Botschaft gekommen ist, ist man mit Feindschaft begegnet. Und wenn ich dann noch lebe, werde ich dich nach Kräften unterstützen. Doch", so schließt der Bericht, „wenige Tage später starb Waraqa, und auch die göttliche Eingebung setzte eine Zeitlang aus."

3. Die Anfänge der Offenbarung

Wenn wir Hadithe, die außerkoranischen Überlieferungen über Aussprüche und Handlungen des Propheten Mohammed, als Quellen zitieren, dürfen wir dabei eines nicht vergessen: Es handelt sich um eine narrative Form des Berichts, um einen Historienbericht in Gestalt einer Erzählung. Die Erzählung zum Nachwirken von Mohammeds erster Offenbarung hat folgenden Inhalt: Der Christ Waraqa ibn Naufal erkennt in Mohammed einen Gesandten Gottes und sieht Parallelen mit dem Prophetentum Moses'; er ahnt schon, was Mohammed widerfahren wird, und hofft für ihn das Beste.

Eines ist allerdings erstaunlich: Ibn Naufal, dessen christlicher Hintergrund außer Frage steht, hat offensichtlich keine Probleme damit zu hören, dass mit Mohammed ein neuer Prophet auf Erden wandelt. Eine Reaktion, die für einen Christen unserer Zeit ungewöhnlich wäre und die uns vor die Frage stellt: Was für eine Form von Christentum mag das gewesen sein?

Doch die islamische Überlieferung verrät nicht viel über ihn, und so bleiben die Person ibn Naufals und seine Glaubensform im Dunkeln. Immerhin kennen wir den Namen dieses Mannes, der eine Art Berater für Mohammed und seine Frau wurde, indem er sie darin bestätigte, dass Mohammed wirklich eine göttliche Vision empfangen hatte. Das ist der Anfang von Mohammeds Prophetentum, der Beginn der Offenbarung an Mohammed.

Im Zusammenhang mit den Hadithen und auch dem Koran habe ich den Begriff Erzählung verwendet. Hier von einer Erzählung zu sprechen, heißt allerdings nicht, Erzählung mit Fiktion gleichzusetzen und damit zu behaupten, dass das Erzählte erfunden sei. Nur gibt eine Erzählung das Geschehene auf die Weise wieder, wie es der Erzähler wahrgenommen hat. Das Erzählte ist keine vermeintlich authentische Dokumentation, sondern eine Rekonstruktion des vom Sprecher Erlebten oder Gehörten.

Das entwertet den jeweiligen Bericht nicht, vielmehr handelt es sich um einen ganz üblichen Vorgang, den wir alle aus unserem eigenen Erleben kennen. Sogar, wenn man von Dingen erzählt, bei denen man selbst zugegen war, formt man sie beim Erzählen immer wieder ein wenig um. Wenn ich zum Beispiel anderen von meiner Kindheit erzähle, muss man bedenken, dass ich jetzt 65 Jahre alt bin. Es ist natürlich nicht das Kind, das diese Geschichte erzählt, sondern das Erlebte wird von meinem heutigen Selbst rekonstruiert und neu interpretiert.

Von einer Erzählung zu sprechen heißt also nicht zu sagen, dass das Geschehen verfälscht wurde oder dass es sich gar um reine Erfindung handelt; aber es bedeutet umgekehrt auch nicht, dass es sich bei dem Erzählten um eine exakte Wiedergabe des Geschehenen handelt. – Das alles sind Phänomene, die der Literaturtheorie und der modernen Geschichtswissenschaft längst bekannt sind. Ich erinnere hier nur daran, um zu sagen: Für den Umgang mit den Hadithen gelten dieselben Kriterien – und für den Koran natürlich ebenfalls.

Die Situation, in der Mohammed zum ersten Mal von dem Göttlichen hört, wird nicht allein von den Hadithen aufgegriffen, sie wird auch im Koran erwähnt; und wieder handelt es sich um eine Erzählung. Der Engel, der Mohammed die Botschaft überbrachte, wurde später als Gabriel bezeichnet, weil es in der zweiten Sure heißt:

97. Sprich: Wenn einer dem Gabriel ein Feind ist – denn er hat ihn (den Koran) auf dein Herz herabkommen lassen mit der Erlaubnis Gottes als Bestätigung dessen, was vor ihm vorhanden war und als Rechtleitung und Frohbotschaft für die Gläubigen –, 98. wenn einer ein Feind ist Gott und Seinen Engeln und Seinen Gesandten, und Gabriel und Michael, dann ist Gott den Ungläubigen ein Feind.

In den frühen Passagen des Korans wird der Überbringer der Botschaft nicht als ein bestimmter Engel identifiziert, sondern einfach als Engel oder, genauer, Geist (*ruh*), bezeichnet, so in Sure 42:

51. Und es steht keinem Menschen zu, dass Gott zu ihm spricht, es sei denn durch Offenbarung oder von hinter einem Vorhang, oder indem Er einen Boten sendet, der dann mit Seiner Erlaubnis offenbart, was Er will. Er ist erhaben und weise. 52. Und so haben Wir dir Geist von Unserem Befehl offenbart. Du wusstest nicht, was das Buch und was der Glaube ist. Und doch haben Wir es zu einem Licht gemacht, mit dem Wir rechtleiten, wen von Unseren Dienern Wir wollen …

Dieser Geist oder Engel, das Erschrecken Mohammeds, seine Gespräche mit Chadidscha und deren Cousin: All dies zusammen bildet den Beginn von Mohammeds Auftreten als Prophet – und den Anfang dessen, was ich eine Interaktion nenne. Denn das, was nun folgt, ist eine Interaktion und ein Wechselspiel zwischen der göttlichen Botschaft und dem menschlichen Empfangen dieser Botschaft.

Was meine ich damit? Wenn wir an den ersten menschlichen Empfänger dieser Botschaft denken, an Mohammed, fällt uns auf, dass er die Botschaft nicht etwa ruhig und gelassen aufgenommen hat. Mohammed war zudem weit davon entfernt, es als gegeben anzusehen, dass es sich bei dem, was ihm widerfuhr, um eine göttliche Sendung handelte. Stattdessen war er von Angst und Zweifel erfüllt. Er suchte Rat und Bestätigung bei anderen, und dafür brauchte er Menschen, die ihm diese Bestätigung geben und sagen konnten: Es ist alles in Ordnung, schon vor dir haben Propheten diese Dinge erlebt. Hab keine Angst – obwohl du verfolgt werden wirst. Das Göttliche ist also nicht das Einzige, das hier spricht, die Botschaft bedarf einer Bestätigung durch einen Menschen – bereits beim allerersten Mal.

Meiner Erfahrung nach ist das etwas, was viele Muslime nicht gerne hören. Es irritiert sie, sie befürchten, damit sei die Autorität des Propheten und des Korans in Frage gestellt. Aber das sind die historischen Fakten, von denen die islamischen Quellen selbst erzählen. Und wenn wir uns dieser Erzählung unvoreingenommen nähern, lässt sie etwas Weiteres erkennen: Dass ein Mensch, sobald das Göttliche mit ihm zu kommunizieren begonnen hat, eine bestimmte Bestätigung braucht, ist nämlich keineswegs ein ketzerischer Gedanke. Es ist vielmehr das Naheliegendste von der Welt. Denn wenn sich jemand plötzlich von Gott angesprochen sehe, wird er doch als erstes befürchten: Vielleicht bilde ich mir das nur ein? Vielleicht bin ich eingebildet? Kann es wirklich sein, dass das Göttliche zu mir gesprochen hat, oder habe ich mir das nur so zurecht gelegt?

Dass Mohammed Bestätigung bei anderen Menschen suchte, mindert nicht seine Autorität oder die seiner Offenbarung, im Gegenteil. In dieser Erzählung von Mohammed, von seiner Angst, von seiner Frau, die ihn zu ihrem Cousin bringt, sehe ich, dass wir es mit einem sehr ernsthaften und gewissenhaften Menschen zu tun haben, der nichts einfach als gegeben ansieht, sondern der immer noch einmal nachfragt, noch ein wenig tiefer geht und tiefer sieht; der sich den Fragen nicht entzieht: Kann das sein? Wie kann das sein? Wir haben hier ein Beispiel frühen kritischen Denkens von jemandem, der nachfragt und reflektiert.

Dieser Prozess, bei dem das Göttliche mit dem Menschen kommuniziert, diese Reaktion des Menschen auf das Göttliche und die Suche nach Bestätigung und nach Austausch – dieser Prozess ist es, der den Koran hervorgebracht hat. Ich werde später noch einmal auf die Frage der Hervorbringung oder der Entstehung des Korans eingehen. Hier sei nur kurz vorweggenommen: Der Koran wurde Mohammed nicht in Form eines fertigen Buches gegeben, sondern die Offenbarung vollzog sich auf eine komplizierte, dialogische, diskursive, sogar argumentative Weise.

Das Wort argumentativ mag in diesem Zusammenhang etwas überraschend wirken, aber auch diesen Aspekt finden wir in den islamischen Quellen und im Koran bestätigt. So erntete Mohammed immer wieder Widerspruch, wenn er seinen Stamm, die Quraisch von Mekka, zusammenrief und erklärte, er habe Neuigkeiten zu verkünden. Leider sind die Quellen hier nicht präzise, und so wissen wir nicht genau, welche oder wie viele Menschen es waren, die seine Zuhörerschaft bildeten. Wir wissen allerdings, dass einige seiner Onkel darunter waren, einer von ihnen wird im Koran erwähnt.

Wie dieses Zusammenrufen ausgesehen haben mag, kann man sich ganz gut vorstellen, wenn man wie ich aus einem kleinen ägyptischen Ort stammt: Jemand stellt sich auf eine leicht erhöhte Stelle und verkündet, was es an Neuigkeiten gibt. Es sei jemand gestorben, die Beerdigung sei dann und dann. Oder: Eine lang erwartete Karawane treffe demnächst ein. Ganz ähnlich wird Mohammed die Leute zusammen gerufen haben: Hört alle her, ich habe gute Neuigkeiten. Und jeder, der womöglich auf das Eintreffen einer Karawane wartete, wird sich über diese Ankündigung gefreut haben.

Mohammed erfüllte allerdings derlei Erwartungen nicht. Er erklärte den Leuten vielmehr: Ich bin ein Warner, ich habe eine göttliche Botschaft erhalten, die ich euch überbringen soll: Der Tag des Jüngsten Gerichts ist nah, macht euch bereit und verneigt euch vor eurem Herrn. Die Leute werden zurückgefragt haben: Wie, dafür hast du uns zusammengerufen? Manche haben ihm sicher zugehört, aber viele werden gesagt haben: Wir haben Wichtigeres zu tun!

Die Zurückweisung des neuen Propheten durch die Mekkaner bleibt nicht ohne Folgen im Koran. Denn Mohammed erhielt mit der folgenden Vision eine Antwort auf die eben geschilderte Reaktion seiner Zuhörer. Und darin können wir ein Beispiel für die argumentative Struktur des Korans erkennen: Oft antwortet er auf eine Herausforderung seitens der Leute, die Mohammed zum Beispiel fragten: Als was gibst du dich da aus – du willst ein Prophet sein? Was für ein Unsinn!

Diese und weitere Herausforderungen finden wir im Koran gespiegelt, wie wir noch sehen werden. Aber bleiben wir zunächst noch einmal bei der ersten Offenbarung. Wir wissen nicht von allen Koransuren, in welcher exakten Reihenfolge sie offenbart wurden. Doch gemäß islamischer Quellen ist die erste Begegnung Mohammeds mit dem Engel in den ersten fünf Versen der Sure 96 enthalten. Und darin heißt es:

1. Trag vor, im Namen deines Herrn, der erschaffen hat, 2. den Menschen erschaffen hat aus einem Embryo. 3. Trag vor. Dein Herr ist der Edelmütigste, 4. der durch das Schreibrohr gelehrt hat, 5. den Menschen gelehrt hat, was er nicht wusste.

Der Bericht über diese Begebenheit lautet, wieder nach der bereits erwähnten Hadith-Sammlung al-Bucharis: „Die Wahrheit kam über ihn herab, als er in der Höhle im Berg Hira war. Der Engel kam zu ihm und befahl ihm zu lesen (zu rezitieren). Der Prophet antwortete: Nein, ich kann nicht lesen (oder: ich werde nicht rezitieren). Und der Prophet fuhr (später) fort: Der Engel packte mich und drückte mich so stark, dass ich es kaum aushielt. Dann ließ er mich los und befahl mir wieder zu lesen, und ich antwortete: Ich kann nicht lesen. Da packte er mich ein zweites Mal und drückte mich, bis ich es kaum aushielt. Er ließ mich los und befahl mir wieder zu lesen, und ich antwortete: Ich kann nicht lesen (oder: was soll ich lesen?) Dann packte er mich ein drittes Mal und drückte mich, und dann ließ er mich los und sagte: Lies im Namen deines Herrn, der den Menschen aus einem Klumpen Lehm erschaffen hat. Lies! Und dein Herr ist überaus großzügig."

Das erste Wort des ersten geoffenbarten Verses heißt *iqra* und wird oft statt mit dem Imperativ „trag vor" mit „lies" übersetzt; doch damit ist hier nicht das Lesen in einem Buch gemeint. Es lag ja noch kein Buch vor, und außerdem war Mohammed, wie uns die islamischen Quellen berichten, illiterat.

Doch auch hier gehen Erzählungen unterschiedliche Wege, was zum Teil mit der arabischen Sprache zusammenhängt, die in diesem Fall zwischen den Versionen „Ich kann nicht lesen" und „Was soll ich denn lesen?" nicht unterscheidet. Manche berichten zum Beispiel, dass Mohammed sagte: „Ich lese nicht", im Sinne von: „Ich kann nicht lesen." Ich glaube aber, es bedeutet, dass Mohammed sich zunächst weigerte zu rezitieren. Er hat nicht geantwortet, dass er nicht lesen könne, schon weil es ja auch nichts zu lesen gab: Der Engel hat Mohammed schließlich kein Buch vorgelegt!

Zwar berichtet al-Buchari, dass der Engel Mohammed ein Stück Tuch gebracht habe, auf dem die Sure geschrieben gewesen sei. Doch dieser Bericht, der die Lesart von *iqra* als „lies!" unterstützt, soll wohl vor allem belegen, dass Mohammed illiterat war. Wenn man nicht annehmen will, dass Mohammed wie durch ein Wunder plötzlich doch lesen konnte, scheint es sicherer, davon auszugehen, dass *iqra* hier die Bedeutung von „rezitiere!" oder „trag vor!" besitzt.

Und Mohammed hat aus Angst und Verwirrung ob dieser Situation geantwortet: Nein, ich werde nicht rezitieren. Da wiederholte der Engel seine Aufforderung und nahm ihn und drückte ihn, bis Mohammed meinte, zu ersticken. Schließlich fügte Mohammed sich.

Darauf folgen, der islamischen Überlieferung gemäß, die zitierten ersten fünf Verse der 96. Sure. Und es ist bemerkenswert, dass sie neben der Aufforderung des Engels an Mohammed, vorzutragen, und neben einer Art Selbstcharakterisierung des Herrn, der hier noch nicht Gott genannt ist, keine weitere Botschaft enthalten. Der Auftrag des Engels war nur zu verkünden: Hier ist dein Herr, der dich erschaffen, der dich unterrichtet und das gesamte Universum geschaffen hat. Mohammed erlebt hier gewissermaßen, wie sich ihm sein Herr vorstellt. Die Verse verraten nicht, was Mohammed eigentlich vortragen soll, weswegen der Imperativ „rezitiere" kein Objekt hat.

Vergegenwärtigen wir uns die Situation: Mohammed befindet sich in tiefer Kontemplation. Vielleicht hat er bei seiner Meditation etwas rezitiert, wir wissen es nicht. Und nun lautet die Aufforderung an ihn: Rezitiere im Namen deines Schöpfers. Wenn man genau liest, merkt man, dass es hier gar nicht darum geht, dieses oder jenes zu rezitieren – es geht darum, in seinem, Gottes, Namen zu rezitieren.

Falls Mohammed also tatsächlich frühere liturgische Formeln rezitiert hatte, nannte die Aufforderung ihm jetzt, *in wessen Namen* die Rezitation geschehen sollte, nämlich im Namen seines Schöpfers. An anderer Stelle habe ich einmal geschrieben, diese ersten fünf Verse sind so etwas wie die Visitenkarte des Herrn, durch seinen Engel überreicht an Mohammed.

Auch hier lohnt es sich, noch etwas genauer hinzuschauen. Das arabische Wort, mit dem das Göttliche hier bezeichnet wird, lautet *rabb*. „Dein Herr", heißt es in den Übersetzungen meist, aber die Formulierung *rabbukka* kann genauso gut „dein Vater", „dein Großvater" bedeuten. Auch das Wort „dein" bezeichnet etwas sehr Intimes, es spricht Mohammed direkt an und sagt ihm: Es ist *dein* Herr, der dich erschaffen hat. Dieses Wort stellt eine große Nähe her, zumal wenn man bedenkt, dass Mohammed ein Waise war, der keinen Vater mehr hatte und keine Familie. Wie wird man einen solchen Menschen ansprechen? Wie wird sich das Göttliche einem solchen Menschen nähern? Später werden die Araber sagen: „Mohammeds Herr", *rabbu Muhammad*. Im Arabischen bedeutet *rabb* auch das Oberhaupt der Familie; das Wort hat die Bedeutung von demjenigen, der für das Wohl der Familie sorgt. Daher betont *rabb* diese Intimität, diese familiäre Bindung.

In Mohammeds erster, vermittelter Begegnung mit dem Göttlichen – es war nicht sein Herr selbst, der ihm begegnete, sondern ein Engel – wurde ihm dieses als sehr persönliche Kraft vorgestellt. Im zweiten Vers wird es wieder etwas universaler, aber im ersten Vers heißt es: „im Namen deines Herrn", *bi-smi rabbika*. Umgekehrt wird man im Koran immer wieder lesen, dass von Mohammed als „unserem Diener", *abduna*, gesprochen wird – auch das betont den Aspekt der Nähe zwischen dem Herrn und seinem Diener.

Die erste Offenbarung hatte noch nichts mit Mohammed als Gesandtem oder Botschafter zu tun, es wurde ihm keine Botschaft aufgetragen, die er anderen verkünden sollte. Mohammed wird hier als eine dem Göttlichen besonders nahe stehende Person angesprochen, als Prophet. In der zweiten Begegnung überwiegt seine Bedeutung als Gesandter, dessen Aufgabe es ist, die Menschen zu warnen und sie aufzurufen, den rechten Weg zu gehen. Diesen Auftrag beinhalten die ersten zehn Verse der Sure 74:

1. Der du dich zugedeckt hast, 2. steh auf und warne, 3. und preise die Größe deines Herrn, 4. und reinige deine Kleider, 5. und entferne dich von den Götzen, 6. und poche nicht auf dein Verdienst, um mehr zu erhalten, 7. und sei geduldig, bis dein Herr sein Urteil fällt. 8. Wenn dann in das Horn gestoßen wird, 9. dann ist es an jenem Tag ein schwerer Tag, 10. für die Ungläubigen nicht leicht.

Diese Verse enthalten eine Warnung und die Aufforderung, an den Jüngsten Tag zu mahnen. Es ist Zeit zu bereuen! Das ist die zentrale Botschaft. Hier begegnen wir dem Koran, wie er seine Hörer zu überzeugen versucht: Er erwählt eine ihm nahe stehende Person, und erteilt ihr den Auftrag, das Volk zu warnen. Zwar wird dies nicht explizit gemacht, doch setzt es ja voraus, dass die Gemeinschaft einer Veränderung bedarf, zur Umkehr bewegt werden muss.

Und so kann man von der ersten zur zweiten und dann zu den nächsten Offenbarungen weitergehen – denn dieser Offenbarungsprozess hat von da an noch 23 Jahre, bis zu Mohammeds Tod, gewährt. Der Koran wurde nicht in einem Stück gesandt oder in wenigen Sitzungen, sondern es waren meistens kurze Botschaften, manchmal auch längere. Und in den meisten Fällen wird die Art und Weise, wie Mohammed auf die frühere Botschaft reagierte oder was danach geschah, in der darauf folgenden Offenbarung angesprochen, widergespiegelt, erläutert, manchmal sogar kritisiert. Deswegen sollte man von einem dialogischen Prozess sprechen oder von einer sehr komplexen Form der Kommunikation zwischen dem Göttlichen und dem Menschlichen.

Der Koran in seiner heutigen Form spiegelt diesen Prozess insofern nur unzureichend wider, als die Reihenfolge der Suren nicht der Chronologie entspricht. Wir wissen auch längst nicht bei allen Suren, wann sie exakt geoffenbart wurden, die genaue Reihenfolge ist uns nicht bekannt. Doch für die meisten Suren können wir immerhin zwischen mekkanischen und medinensischen Suren unterscheiden, und auch noch etwas genauer: zwischen frühen, mittleren und späteren mekkanischen Suren. Diese Differenzierung haben Wissenschaftler, insbesondere übrigens abendländische Wissenschaftler, erarbeitet, die mit philologischen Mitteln Quellen verglichen haben und dergleichen.

Für die muslimischen Wissenschaftler war meist nur die Unterscheidung in mekkanische und medinensische Verse von Interesse; sie lassen sich in vielen Fällen leicht unterscheiden, in anderen allerdings nicht. Sowohl klassische exegetische Texte haben sich mit dieser Frage beschäftigt als auch die Sammlungen von Aussprüchen und der tradierten Verhaltensweise des Propheten (Hadith) und Berichten über Mohammeds Leben (*sira*).

Diese Unterscheidung in mekkanische und medinensische Verse ist vor allem daher so wichtig, weil auf ihrer Grundlage die koranischen Antworten auf rechtliche Fragen besser beurteilt werden können: Manchmal hat der Koran nämlich eine frühere Anordnung später revidiert. Man spricht hier von *nasch*, Aufhebung: Der später geoffenbarte Vers hebt die Gültigkeit eines älteren auf. Insofern ist es mindestens ebenso wichtig, innerhalb der mekkanischen und medinensischen Verse zu wissen, welcher jeweils der frühere und welcher der spätere war, wenn sich zwei zum selben Thema äußern.

Ausgerechnet bei der liturgisch so zentralen Sure *al-Fatiha* herrscht allerdings nicht einmal Einigkeit, ob es sich um eine mekkanische oder medinensische Sure handelt. Und was ohnehin ganz unmöglich ist, ist die Wiedergabe einer exakten Chronologie für alle Suren. Erst nach dem Tod Mohammeds nämlich, als bei den frühen muslimischen Gemeinden das Bedürfnis entstand, einen einzigen verbindlichen Korpus, ein Buch zu besitzen, wurden die Passagen neu arrangiert und in Kapiteln geordnet. Dabei wurden auch oft mekkanische und medinensische Verse zu einer Sure zusammengefügt, weswegen auf die Hinweise, die jeder Sure in den heutigen Koranausgaben vorangestellt sind, kein hundertprozentiger Verlass ist: Einige der als medinensisch geltenden Suren enthalten auch als mekkanisch erwiesene Verse und umgekehrt. Die Anordnung der so kompilierten Suren wiederum geschah dann meistens der Länge nach; von der ersten Sure, der Eröffnung *al-Fatiha*, abgesehen, sind im Koran die langen Suren nach vorne und die kürzeren nach hinten gestellt.

Vermutlich hatte bereits Mohammed selbst in den ersten Jahren in Medina eine Sammlung des bis dahin Geoffenbarten in Auftrag gegeben; wegen seiner zunehmenden politischen Aufgaben kam das Unternehmen aber zum Erliegen und wurde nicht zum Abschluss gebracht. Der Überlieferung nach ließ der erste Kalif Abu Bakr nach Mohammeds Tod 632 n. Chr. von dessen Sekretär Zaid b. Thabit sämtliche geoffenbarten Verse – „ob sie auf Palmblättern, dünnen Steinen oder in den Herzen der Menschen notiert waren" – zusammentragen und auf Papierbogen kopieren. Einen festen schriftlichen Kanon hat aber erst der dritte Kalif Uthman erstellen lassen und für verbindlich erklärt; zwar kursierten in den ersten Jahrhunderten nach Mohammeds Tod noch manch andere Fassungen, doch geht unser heutiger Koran auf diesen Uthmanischen Kodex zurück.

Dieser ganze Prozess des Kompilierens und Anordnens führte zu dem Ergebnis, dass der Koran, wie er uns heute vorliegt, den dynamischen Entstehungsprozess seiner Kommunikation nicht mehr reflektiert. Aber dieser Prozess enthält ursprünglich alle möglichen Elemente eines kommunikativen Prozesses: Argument, Diskussion, Überzeugen, Überredung, Aufforderung, Dialog. Es ist ein Dialog, der sich manchmal exklusiv an eine eher kleine Zuhörerschaft richtet, manchmal eine viel größere mit einbezieht. Und welcher kommunikative Aspekt bei den einzelnen Sequenzen der Offenbarung im Vordergrund steht, hängt von den jeweiligen Zuhörern, den Reaktionen auf frühere Offenbarungen und überhaupt von der Situation Mohammeds und seiner Gemeinschaft ab – wir werden dies noch an zahlreichen Beispielen veranschaulichen.

4. Mekka und Medina – Mohammed als geistiger und politischer Anführer

Das Jahr von Mohammeds Geburt wird meist mit 570 n. Chr. angegeben, es könnte allerdings auch einige Jahre später gewesen sein. Noch bevor er geboren wurde, starb sein Vater, und seine Mutter verlor er, als er sechs Jahre alt war. Von da an lebte Mohammed bei seinem Großvater und später bei seinem Onkel Abu Talib. Zwar gehörte seine Familie zum Stamm der Quraisch, der im damaligen Mekka zu Einfluss und Wohlstand gekommen war. Doch auch innerhalb der Quraisch gab es wohlhabendere und ärmere Familien, und Mohammed scheint, obwohl sein Großvater noch zu den Anführern der Quraisch gezählt hatte, einer verarmten Familie angehört zu haben.

Auf die schwierige Situation der Waisenkinder und ihre angemessene Versorgung kommt der Koran immer wieder zu sprechen; an Mohammeds eigene Notlage erinnert die 93. Sure:

> 6. Hat Er dich nicht als Waise gefunden und dir Unterkunft besorgt, 7. und dich abgeirrt gefunden und rechtgeleitet, 8. und bedürftig gefunden und reich gemacht?

Nun gibt es mehrere zehntausend Überlieferungen von Aussprüchen und Handlungen des Propheten Mohammed; doch wenn man seine Persönlichkeit in wenigen Worten zu charakterisieren suchte, könnte man sie vor allen Dingen als sehr anständig, sehr gesellig und sehr umgänglich bezeichnen. Diese sozialen Eigenschaften sind für einen Propheten übrigens auch notwendig, denn wenn er sein Volk erreichen will, muss er sich gut mitteilen können und über Überzeugungskraft verfügen. Seine Zeitgenossen gaben Mohammed den Beinamen *al-Amin,* also der Treue, Redliche, Zuverlässige: ein weiterer Hinweis auf das Vertrauen, das man in seine sozialen und kommunikativen Fähigkeiten setzte. Wie hätte er ohne diese Fähigkeiten auch das Vertrauen, und, mehr noch, die Zuneigung und Liebe seiner Auftraggeberin gewinnen können?

Im Alter von 25 Jahren heiratete Mohammed die reiche und mehrere Jahre ältere Geschäftsfrau Chadidscha, für die er bis dahin als Karawanenführer gearbeitet hatte. Diese Ehe gab ihm zusätzlichen Rückhalt, sowohl innerhalb der mekkanischen Gesellschaft als auch finanziell. Vielleicht war es sogar die mit dieser Ehe einhergehende relative materielle Sicherheit, die es Mohammed überhaupt erst ermöglichte, sich in Ruhe der Kontemplation zu widmen und sich die nötige Zeit dafür zu nehmen. Hinzu kam die persönliche Unterstützung Chadidschas, die ihn in seiner spirituellen Suche bestärkte.

Wenn uns seine Zeitgenossen von Mohammeds sanfter Persönlichkeit und seinen kontemplativen Sitzungen berichten, scheint das für manch heutige Leser nicht zu der Tatsache zu passen, dass Mohammed auch ein politischer und in einigen Fällen militärischer Anführer war. Doch müssen wir bei dem Versuch, uns die Persönlichkeit Mohammeds vor Augen zu führen, auch deren Entwicklung mitbedenken. Als sich die erste Offenbarung ereignete, war Mohammeds Leben von spiritueller Suche und Kontemplation bestimmt. Später hatte er als Anführer seiner Gemeinde praktische Aufgaben zu erfüllen – so viele, dass er nicht die Zeit fand, alle Offenbarungstexte zusammenzufassen, und dass der Koran in Sure 33 die Gemeinde zurechtwies, sie sollten Mohammeds Privatsphäre stärker achten:

> 53. O ihr, die ihr glaubt! Tretet nicht in die Gemächer des Propheten ein, sofern ihr nicht eingeladen seid für ein Mahl. Doch kommt nicht (zu früh), um auf seine Zube-

reitung zu warten. Wenn ihr jedoch aufgefordert werdet, dann tretet ein. Und wenn ihr gespeist habt, geht auseinander, statt euch in Unterhaltung zu verlieren. Siehe, dies würde dem Propheten Verdruss bereiten, aber er könnte zu scheu sein (zum Gehen aufzufordern). Gott aber scheut die Wahrheit nicht.

In dem Bild, das uns von Mohammeds ersten Jahren als Prophet überliefert ist, scheint eher die innerliche Religiosität zu überwiegen, in dem seiner späteren Zeit die soziale Verantwortlichkeit. Wir dürfen uns Mohammed eben nicht als eine unveränderliche Persönlichkeit vorstellen. Es gibt keinen Menschen, dessen Persönlichkeit sich nicht weiter entwickelt, zumal wenn sich seine Lebensumstände und Aufgaben so drastisch ändern.

Andererseits sollte man es mit der vermeintlichen Gegensätzlichkeit auch nicht übertreiben. Mohammed war bereits als Kaufmann ein praktisch denkendes, erfolgreiches Mitglied der mekkanischen Gemeinde, so wie ihn umgekehrt seine Nachdenklichkeit auch später nie verlassen hat; neben den Offenbarungen selbst haben wir aus allen seinen Lebensphasen Berichte von Zeitgenossen, die das bezeugen. Wir müssen einfach davon ausgehen, dass Mohammed beide Seiten hatte, tief empfundene Religiosität und soziales und politisches Geschick.

Während der ersten Jahre, der Zeit in seiner Heimatstadt Mekka, verstand Mohammed seinen Auftrag nicht so, als solle er eine neue Religion gründen. Noch stand die Gemeinsamkeit mit den anderen „Völkern der Schrift" im Vordergrund. In zahlreichen Versen des Korans heißt es, dass Mohammed eine alte Botschaft, die früher bereits an Christen und Juden ergangen ist, wiederaufnehmen und nun den Arabern überbringen soll; und in einem Vers der zehnten Sure will der Koran Mohammeds Zweifel an der eigenen Sendung gar dadurch entkräften, dass er ihm empfiehlt, Juden und Christen zu befragen:

> 94. Und wenn du über das, was Wir zu dir hinabsandten, im Zweifel bist, dann frage diejenigen, welche die Schrift vor dir lasen. Wahrlich, zu dir ist die Wahrheit von deinem Herrn gekommen, darum sei kein Zweifler.

Mohammeds Aufgabe in jenen mekkanischen Jahren war die eines Warners, der seine Mitmenschen zum Glauben und zum ethischen Verhalten aufrufen und sie an den Tag des Jüngsten Gerichts erinnern sollte. Doch bekanntlich wurde die Botschaft von den mekkanischen Polytheisten nicht gern gehört. Die muslimische Gemeinschaft war Anfeindungen und Verfolgung ausgesetzt und ihr Weiterbestehen zeitweise existenziell gefährdet. Dadurch entwickelte sich Mohammeds Rolle zu der eines politischen Anführers weiter; er musste eine Möglichkeit finden, wie seine Gemeinschaft Mekka, wo sie von den Quraisch bedroht wurde, verlassen und anderswo in relativer Sicherheit weiterleben konnte.

Also suchte er nach einem Stamm, der seine Gemeinschaft unterstützen würde. Einige Muslime flüchteten ins christliche Abessinien, um später zurückzukehren, als die Bedrohung vorüber war. Für die übrigen und die eigene Familie trat Mohammed in Verhandlungen mit diversen Stämmen, die zu Märkten oder zur Pilgerzeit nach Mekka kamen. Mit den Bewohnern einer gut 300 Kilometer weiter nördlich liegenden Oasenstadt, dem heutigen Medina, führten seine Bemühungen schließlich zum Erfolg; interessanterweise luden sie Mohammed nicht aus allein oder vorrangig religiösen Gründen in ihre Stadt, sondern als Vermittler zwischen den medinensischen Clans, die sich heillos überworfen hatten. Damals hieß die Stadt noch Yathrib; erst nach Mohammed wurde sie Medina (Stadt) genannt, als Kurzform für *madinat an-nabiy*, „die Stadt des Propheten". Dass Mohammed mit diesem Auftrag 622 nach Yathrib kam, zeigt, dass er sich bereits in seiner Zeit in Mekka einen Ruf als Anführer und Vermittler erworben hatte.

Anders als in Mekka lebten in Yathrib/Medina neben den Polytheisten übrigens auch Juden, nämlich arabische Clans, die zum Judentum übergetreten waren. Zu Beginn seiner Zeit in Medina hatte Mohammed die Hoffnung, dass ihm diese jüdischen Stämme Unterstützung bieten oder sich ihm sogar anschließen würden, weil er davon ausging, dass sie eine gemeinsame Basis im Monotheismus hatten. Doch diese Unterstützung blieb aus. Im Koran finden wir diese Ereignisse angesprochen, es zeichnet sich eine Absonderung von Mohammeds Gemeinschaft von den jüdischen Stämmen ab, auf die ich später noch einmal ausführlich eingehen werde.

Mit dem Jahr der Emigration der muslimischen Gemeinde nach Medina, der Hidschra – auf deutsch so viel wie Ausreise oder Auswanderung – beginnt die muslimische Zeitrechnung. In Medina erweiterte sich Mohammeds Funktion vom geistigen Anführer nun endgültig um die des Oberhaupts einer auch politischen Gemeinschaft. Um diese doppelte Aufgabe und ihren Niederschlag im Koran zu verstehen, müssen wir uns noch einmal die politische Situation vor Augen rufen, in der sich Arabien zu Beginn des 7. Jahrhunderts befand. Viele Leser des Korans sind nämlich verwundert, in einigen Suren der medinensischen Zeit auf praktische und rechtliche Regelungen zu stoßen; für ihr Gefühl gehört Derartiges in eine Heilige Schrift nicht so recht hinein.

Diese Irritation rührt letztlich wohl von einem christlich geprägten Kontext her: Ohne es sich bewusst zu machen, vergleicht man das Prophetentum Mohammeds mit dem Leben Jesu, von dem keine gesetzesähnlichen Weisungen überliefert sind. Man darf aber nicht vergessen, dass die historischen Bedingungen beider Propheten völlig unterschiedlich waren. Jesus lebte auf dem Gebiet des etablierten Römischen Imperiums. Es gab ein Rechtssystem und eine Macht, die das Gesetz durchsetzte. Unter diesen Bedingungen lebten die Juden zwar unter der römischen Besatzung, aber doch auch in gewisser Unabhängigkeit und Rechtssicherheit.

Im Arabien des frühen 7. Jahrhunderts hingegen gab es weder Staat noch Rechtssystem, sondern nur die Stammesethik. Diese Stammesethik forderte absoluten und ausschließlichen Gehorsam, und wer diesen Gehorsam verweigerte, der wurde ausgestoßen und verlor jedes Recht auf Schutz durch die Gemeinschaft. Was zählte, war allein die Blutsverwandtschaft; es ging nicht darum, ob der eigene Stamm im Recht oder im Unrecht war. Doch wo sich das Soziale einzig um Blutsverwandtschaft dreht, gibt es im eigentlichen Sinn gar keine Gesellschaft; erst der Islam hat in Arabien eine Gesellschaft begründet. Der Islam etablierte eine neue Art von Gemeinschaft, in der nicht Blutsverwandtschaft die zentrale Rolle spielt, sondern eine höhere Form von Zusammenhalt auf der Grundlage bestimmter geteilter Werte.

Diese Entwicklung findet man in dem Vertrag von Medina dokumentiert, in dem von drei Gemeinschaften die Rede ist: von Juden, Arabern und Gläubigen beziehungsweise Muslimen. Auf diese drei Gemeinschaften rekurriert auch der Koran, insbesondere in der zweiten Sure, mit den Begriffen „die Heuchler, die Ungläubigen und die Gläubigen". Mir scheint, dass wir es hier mit der Gründung einer neuen Form von „Stamm" zu tun haben: Von der Abstammung her gehören die Mitglieder dieser neuen Gemeinschaft unterschiedlichen Stämmen an; es sind nicht die Verwandten des Propheten, sondern Menschen, die mit ihm bestimmte Überzeugungen teilen.

Um diese neue Form von Gemeinschaft überhaupt erst zu etablieren, wurden bestimmte rechtliche Reglementierungen gebraucht, unter anderem für Ehe und Ehescheidung, Abgaben und Handel. Dem verdanken wir die zahlreichen entsprechenden rechtlichen und praktischen Anweisungen im Koran. Damals leisteten sie einen wichtigen Beitrag beim Übergang einer nach Stämmen organisierten Welt zu einem System der Rechtssicherheit. Die einzelnen Regelungen selbst muss man aber natürlich vor dem Kontext des 7. Jahrhunderts verstehen; es ist absurd zu meinen, man solle oder könne sie der Form nach exakt auf heute übertragen.

Wenn wir solche Bestimmungen im Koran finden, stammen sie also aus der Zeit nach der Hidschra. Im zweiten Jahr in Medina kam es aber auch zu militärischen Konflikten mit den Mekkanern, zuerst zur Schlacht bei Badr (624), in der die Muslime gegen die Mekkaner siegten, und später zur Schlacht bei Uhud (625), in der die Muslime unterlagen. Wir begegnen Mohammed hier in einer dritten Funktion, der eines militärischen Anführers. Es ist das, was heutige christliche Zeitgenossen und in christlich geprägten Gesellschaften lebende Muslime am meisten irritiert. Weil der Koran auf diese kriegerischen Konflikte mehrfach direkt Bezug nimmt, werde ich in einem eigenen Kapitel noch genauer auf sie eingehen. An dieser Stelle interessiert uns aber vor allem Mohammed; und in jenen Jahren erwuchsen Mohammed neue Verpflichtungen daraus, dass er mit einer bestimmten Familie, einem Stamm, einer Gemeinschaft verbunden war.

Gewiss hatte er dabei bisweilen auch Entscheidungen zu treffen, die sich gegen andere Gemeinschaften richteten – etwas anderes kann man von einem Anführer, der für eine bestimmte Gemeinschaft die politische Verantwortung übernommen hat, auch nicht erwarten. Gleichermaßen ist das Göttliche, so wie es aus dem Koran spricht, das Göttliche dieser Gemeinschaft: Es hat eine parteiische Stimme und unterstützt seine Gemeinschaft gegen die der anderen.

Wir kennen dieses Phänomen auch aus den Erzählungen des Alten Testaments, wo der Herr des Hebräischen Volkes, des Volkes des Hauses Israel, immer auf dessen Seite ist. Sogar dort, wo er seine Leute tadelt, geschieht alles zu ihren Gunsten. Dasselbe tut der Gott des Korans; er unterstützt die Gemeinschaft der Gläubigen, auch wenn er sie dafür bestraft, dass sie seinen Befehlen zuwider gehandelt haben. Diese „Parteilichkeit" des Göttlichen kann für den heutigen Leser etwas irritierend sein, da er das Geschehen aus einem großen zeitlichen Abstand und auch ohne selbst darin involviert zu sein betrachtet.

Eine aus der christlichen Theologie abgeleitete Vorstellung dessen, wie sich ein Prophet verhalten solle, auf Mohammed anzuwenden, ist jedenfalls unfair. Am ehesten noch könnte man Mohammeds Situation mit der von Moses vergleichen; doch im Grunde zeugen all solche Vergleiche von einer ahistorischen Betrachtungsweise. Jeder Prophet stand in seinem Leben und in seiner Situation vor bestimmten Aufgaben, die er zu bewältigen hatte. Durch diese Aufgaben hat Mohammed weder an menschlichen Qualitäten verloren, noch ließ er sich korrumpieren.

Es ist mir so wichtig, diesen Punkt zu betonen, weil die Person Mohammeds im christlichen Abendland immer wieder Gegenstand eines sehr kritischen, oft sogar gehässigen Diskurses geworden ist – stets gemessen am christlich-theologischen Maßstab. Doch Mohammed war nicht nur eine bedeutende geistige Figur, sondern bewies auch als politischer wie als militärischer Anführer seine Urteilsfähigkeit und sein politisches Geschick, und wenn wir uns seine gesamte Persönlichkeit vor Augen führen wollen, gehören diese Aspekte dazu. Nach allem, was wir über ihn wissen, war Mohammed ernsthaft und gewissenhaft in allem, was er tat.

Natürlich steht es jedem kundigen Historiker frei, Mohammeds Entscheidungen im Einzelnen zu diskutieren. Wenn man aber das moderne Empfinden als Maßstab heranzieht, insbesondere das christliche Bild davon, was einen Propheten vermeintlich ausmacht, tut man ihm unrecht. Wenn man ihn dafür kritisiert, dass er weltliche Leidenschaften hatte, dass er auch materielle Interessen verfolgte und für die Existenz seiner Gemeinschaft kämpfte, dann verkennt man den historischen Kontext dieses spezifischen Propheten. Jede religiöse Figur ist vor ihrem jeweiligen historischen Hintergrund zu betrachten, vor den Notwendigkeiten ihrer Zeit; und sie ist auch nach den Normen jener Zeit zu beurteilen, nicht nach den heutigen.

Das gilt nicht nur für Mohammeds politisches Handeln, sondern auch für seine private Rolle als Ehemann und Familienvater. Man hat es ihm oft zum Vorwurf gemacht, dass er, nachdem Chadidscha gestorben war, neun Frauen geheiratet hat, wobei eine davon, Aischa, bei der Heirat erst neun Jahre alt war. Für unsere heutigen Ohren klingt das entsetzlich – doch damals dachte sich offenbar niemand etwas dabei. Und man muss sich einmal anschauen, was aus dieser jungen Frau später wurde: Sie wurde eine der bedeutendsten Figuren des frühen Islam und zählte nach Mohammeds Tod zu den Autoritäten der jungen Gemeinschaft! Man achtete ihren Kenntnisreichtum sowohl in religiösen als auch in politischen Angelegenheiten. Das wirkt nun nicht gerade so, als ob Aischas Ehe mit Mohammed sie irgendwie in ihrer Entwicklung eingeschränkt habe, im Gegenteil.

Wieder geht es hier nicht darum, Mohammed zu verteidigen, genauso wenig wie darum, ihn anzuklagen – sondern es geht darum zu verstehen. Wer nach seinen eigenen Maßstäben urteilt, macht es sich sehr leicht; wer wirklich wissen will, was für ein Mensch Mohammed war, muss genau hinschauen, was damals geschah. Alles andere ist unhistorisch.

Dieser Hinweis richtet sich nicht nur an die Nichtmuslime, wenn sie mit Vorwürfen zu leicht bei der Hand sind, sondern auch an die Muslime, die bisweilen eines fast zu vergessen scheinen: Mohammed war ein Mensch. Der Koran selbst hebt es immer wieder hervor, und der Koran erwähnt ebenfalls, wenn Mohammed Fehler machte. An einigen Stellen werden Mohammed ernsthafte Vorwürfe gemacht, beispielsweise, als ein blinder Mann ihn aufsuchte und um Rat fragte. Mohammed war sehr beschäftigt und widmete seine Aufmerksamkeit den anwesenden Stammesführern, nicht aber dem einfachen Blinden. Darauf geht der Koran in den ersten Versen von Sure 80 explizit und sehr kritisch ein:

> 1. Er runzelte die Stirn und kehrte sich ab, 2. weil der Blinde zu ihm kam. 3. Woher sollst du es wissen, vielleicht will er sich läutern 4. oder bedenken, so dass ihm die Ermahnung nützt. 5. Wer sich verhält, als wäre er auf niemanden angewiesen, 6. dem widmest du dich, 7. und es obliegt dir nicht, dass er sich nicht läutern will. 8. Wer aber zu dir eilig kommt 9. und dabei gottesfürchtig ist, 10. dem schenkst du keine Aufmerksamkeit.

Man beachte nur einmal, mit welcher Sprache der Koran Mohammed hier anspricht: in der dritten Person nämlich. Allein das ist eine Form der Missachtung oder Bestrafung. Wenn man jemanden direkt anspricht, tut man dies üblicher Weise in der zweiten Person Singular oder gegebenenfalls Plural.

Der Koran wählt hier aber, obwohl er zu Mohammed spricht, die dritte Person, als ob er *über* ihn spräche, und er geht hart mit dem Propheten ins Gericht.

Diese Menschlichkeit, und damit auch menschliche Fehlbarkeit Mohammeds, findet sich im Koran wiederholt angesprochen. Mohammed war nicht frei von Fehlern, und es ist nicht respektlos, davon zu sprechen. Auch Muslime dürfen, ja müssen sogar wissen, dass die Größe Mohammeds nicht etwa darin liegt, dass er auf übermenschliche Weise fehlerfrei gewesen wäre; sondern seine Größe ist eine menschliche Größe. Wenn jemand von seiner Veranlagung her bereits ganz ohne Fehler wäre, wäre es auch nicht sein eigenes Verdienst, gut zu sein. Nur der, der fehlbar ist, kann wirklich gut sein.

Dass Mohammed durch und durch menschlich war, macht der Koran natürlich nicht nur dort deutlich, wo er ihn kritisiert. In anderen Fällen unterstützt der Koran Mohammed. Als dieser sich zum Beispiel in seine Schwiegertochter Zainab verliebte, ermutigte ihn der Koran und signalisierte, er brauche seine Liebe nicht zu verstecken und solle keine Angst vor dem haben, was seine Mitmenschen zu dieser Liebe sagen könnten.

Zainab war eine nahe Verwandte des Propheten. Für seinen Adoptivsohn Zaid, der ein frei gelassener Sklave war, hielt Mohammed um ihre Hand an, womit sie und ihre Familie zunächst nicht einverstanden waren. Sie hatten nämlich gehofft, Mohammed werde Zainab selber heiraten; schließlich aber willigten sie ein.

Die Eheleute kamen miteinander aber nicht zurecht, und Zaid bat um die Scheidung. Dass der Prophet nun seinerseits seine geschiedene Schwiegertochter heiratete, war nach bisherigem Recht nicht erlaubt – bis zu der in der 33. Sure enthaltenen Offenbarung, die die Ehe mit der geschiedenen

Frau eines adoptierten, nicht blutsverwandten Sohnes sanktionierte:

> 37. Und (gedenke), als du zu dem (Zaid) sprachst, dem Gott Gnade erwiesen hatte und auch du: „Behalte deine Gattin für dich und fürchte Gott." Du verbargst in deiner Seele, was Gott doch offenkundig machen würde, und fürchtetest die Menschen, wo Gott doch mehr verdient, gefürchtet zu werden. Und als Zaid seine Bindung mit ihr gelöst hatte, verheirateten Wir dich mit ihr (Zainab), damit es für die Gläubigen keine Sünde (mehr) sei, die Gattinnen angenommener Söhne zu heiraten, wenn sie die Ehe mit ihnen beendet haben. Und Gottes Befehl ist zu befolgen.

Auch diese Stelle zeigt uns, dass der Koran kommunikativ angelegt ist und direkt auf bestimmte Fragen oder Probleme antwortet. Daher sind wir Heutigen, ob wir nun einen Koranvers über Mohammed lesen oder über seine Gemeinschaft, oder über die Juden und Christen der damaligen Zeit, in keiner leichten Lage. Denn wie im Falle der Eheregelungen von adoptierten und nicht adoptierten Söhnen und Schwiegertöchtern können wir am Vers selbst nicht sofort ersehen, was seine tatsächliche Botschaft ist, die sich nämlich auf damalige Ereignisse und Verhältnisse bezieht.

Noch relativ wenig erforscht ist bisher leider die Frage, wie Mohammeds Botschaft nach seinem Tod rekonstruiert wurde, als sich die politische Gemeinschaft weiter entwickelte. Unklar ist, ob Mohammed zu Anfang noch als ein politischer Anführer angesehen wurde, dem ein anderer politischer Anführer folgen sollte, um seine Stelle einzunehmen. Oder hatte die Gemeinschaft bereits realisiert, dass Mohammed ein Prophet und daher nicht zu ersetzen war, auch wenn man natürlich trotzdem einen politischen Anführer brauchte?

Auch die Entwicklung der politischen Gemeinschaft muss noch detaillierter analysiert werden, beispielsweise der Übergang von einer Stammesgesellschaft zu einer sich neu bildenden Einheit, die sich ihrerseits bald zu einem Reich weiter entwickelte. Das ist eine wichtige Aufgabe für die Geschichtswissenschaft. Unser Wissen über den Islam derart zu vertiefen, halte ich sogar für wichtiger, als den zigsten theologischen Essay über diesen oder jenen Aspekt zu verfassen. Denn wir brauchen eine Menge historischen Wissens, um die Botschaft solcher Verse entschlüsseln zu können.

Die andere, sich daran anschließende Frage ist die, wie wir der breiten Menge solches Expertenwissen zugänglich machen können. Dieses Problem stellt sich für die Muslime der mehrheitlich muslimischen Länder genauso wie für uns, die wir im Westen leben. Derzeit werden wir aufgrund des hiesigen Schulsystems und des speziell in Deutschland gerade begonnenen Aufbaus eines Islam-Unterrichts in die Lage versetzt, uns überlegen zu müssen, aber auch zu dürfen, wie wir Kindern und Erwachsenen dieses Wissen am besten vermitteln können. Denn den meisten Muslimen ist über den historischen Hintergrund nicht viel bekannt, und die Versuchung ist groß, Texte und Aussagen falsch auszulegen, indem man sie wörtlich nimmt, ahistorisch versteht und dann als überzeitliche Anweisungen Gottes für alle Gläubigen aller Zeiten interpretiert. Das ist zwar eine naheliegende und relativ einfache Art, den Koran zu lesen; historisch korrekt ist es aber nicht, und es entspringt einem falschen Verständnis dessen, was der Koran als Botschaft und Offenbarung bedeutet: Man übersieht dabei den kontextbezogenen, dialogischen Charakter des Korans.

5. Die vielen Stimmen des Korans

Was ist nun damit gemeint, dass der Koran dialogisch angelegt ist? Durch den Koran begegnen sich das Göttliche und das Menschliche; Gott spricht hier zu den Menschen – nicht nur abstrakt und allgemein, sondern meistens zu ganz bestimmten Menschen in einer ganz bestimmten Situation. Man erkennt es schon allein daran, wie oft die mit den jeweiligen Versen Angesprochenen explizit erwähnt werden. „O die ihr glaubt!" heißt es dann, oder: „Ihr Leute des Buches", oder: „O ihr Ungläubigen!", oder: „Ihr Frauen des Propheten". Diese Adressaten werden immer wieder direkt benannt. Wir haben es also offensichtlich mit einem Text zu tun, der sich bestimmten Zuhörern zuwendet und diesen etwas mitteilen will.

Wir dürfen uns hier von den vielen poetischen Passagen des Korans nicht täuschen lassen. Zweifellos verfügt der Koran über eine starke poetische Sprache, die den arabischen, persischen und jeden damit verwandten Sprachraum so sehr geprägt hat, dass man sich deren literarische Tradition bis heute ohne die Einflüsse des Korans gar nicht vorstellen kann. Koranische Suren werden auswendig gelernt und rezitiert, es gibt komplexe Traditionen der Koranrezitation und der Kalligraphie, die sich mit dem kunstvollen Niederschreiben von Koranversen befasst.

All das verweist auf den Koran als Kunstwerk, auf die künstlerischen Aspekte des Korans. Wir dürfen uns davon aber nicht dazu verleiten lassen, den Koran der Gattung der Poesie zuzuschlagen wie beispielsweise ein romantisches Gedicht. In der klassischen Lyrik stehen fast ausnahmslos Gefühle und Vorstellungen des lyrischen Ichs im Mittelpunkt; wobei damit nicht die reelle Person des Dichters gemeint ist, sondern das Subjekt des Gedichts. Dessen innere Welt in Worte zu fassen, bemüht sich der Dichter – natürlich in der Hoffnung, dass später jemand das Gedicht liest.

Es gibt aber auch Texte, deren Struktur sich umgekehrt stärker am Empfänger und dessen Einstellungen orientiert, weniger am sprechenden Subjekt. Und so ist auch der Großteil des Korans angelegt: Er spricht zu einer Gemeinschaft von Zuhörern, um sie zu informieren, zu belehren, zu einem bestimmten Handeln zu bewegen. Allerdings wird auch im Koran immer wieder der Sprecher genannt. Es heißt „Ich" oder öfter noch „Wir"; aber sogar wenn das Göttliche mit „Ich" oder „Wir" spricht, spricht es doch zu einem Empfänger, und die Rede ist deutlich auf diesen bezogen. Wenn es zum Beispiel heißt „Ich bin der Herr der Welten", wie in Sure 28, steht der Angesprochene im Zentrum des Diskurses; ihm erklärt sich der Herr:

> 30. Doch als er (Moses) dort ankam, erscholl ihm eine Stimme von der rechten Seite des Tals aus einem Baum auf gesegnetem Boden: „O Moses! Ich bin Gott, der Herr der Welten. 31. Wirf deinen Stab hin!" Und als er ihn nun sich bewegen sah wie eine Schlange, wandte er den Rücken zur Flucht, ohne sich umzukehren. „O Moses! Kehre zurück und fürchte dich nicht. Siehe, du bist sicher!"

In dem Fall dieser beiden Verse ist es Moses, der innerhalb der Erzählung angesprochen wird, doch die Erzählung als ganze richtet sich an Mohammed und seine Gemeinschaft. Es handelt sich nicht etwa um ein Selbstgespräch, wie es in vielen Gedichten der Form nach der Fall ist.

Wenn der Koran direkt zu einem Gegenüber spricht, ist das oft die muslimische Gemeinschaft und manchmal auch nur der Prophet Mohammed selbst. Aber auch in letzterem Fall steht die Gemeinde als intendierter Empfänger im Hintergrund. Wenn im Fernsehen jemand interviewt wird, antwortet die befragte Person zwar zunächst dem Moderator – aber im vollen Bewusstsein dessen, dass das Interview später von vielen Zuschauern gesehen wird, die bei dem Gespräch nicht selbst anwesend sind.

Die Literaturwissenschaft spricht hier von einem impliziten Leser, also einem Rezipienten, der, auch wenn er nicht explizit angesprochen wird, beim Akt des Sprechens beziehungsweise Schreibens mitgedacht ist. Ähnlich darf man sich die Anrede Mohammeds durch das Göttliche vorstellen: Das Göttliche spricht zu Mohammed, der die Botschaft an seine Gemeinde weiterträgt; die Angesprochenen stellen Fragen, äußern Zweifel oder Spott oder zeigen sich gleichgültig. Eine weitere Offenbarung antwortet wiederum darauf; aber beide Seiten haben ein größeres Publikum im Sinn. Und so können wir für fast alle Stellen des Korans rekonstruieren, wer die jeweils intendierten oder impliziten Rezipienten sind und auf wen sich die Argumente, die Anrede, der Dialog beziehen.

Das hat nun auch Konsequenzen für die Bedeutung des Gesagten, denn jede Botschaft konstituiert sich im Hinblick auf bestimmte Adressaten, und in diesem Lichte müssen wir die Verse des Korans auch interpretieren. Falsch wäre allerdings der Umkehrschluss, dass diese Botschaft nur für die damaligen Adressaten wertvoll war und seither ihre Bedeutung verloren hat. Wenn die Botschaften des Korans nur vor dem Kontext ihrer Zeit ihren Sinn besäßen und darüber hinaus nichts zu sagen hätten, hätten weder dieser Text noch die islamische Religion bis heute überlebt. Beim Koran handelt es sich eben um einen Text, den spätere Generationen und auch wir Heutigen interpretieren und aus dem wir eine Botschaft für uns herauslesen können. Nur indem Gläubige sich diesem Buch immer wieder zuwandten und darin Inspiration fanden, hielten sie es lebendig.

Dabei nähern sich die Gläubigen dem Koran durchaus auch als Individuen: Es ist der einzelne Mensch, der sich mit dem Text beschäftigt und ihn interpretiert. Meist wird die entsprechende Person einige Passagen beiseite lassen und sich direkt anderen zuwenden, die so zu ihr sprechen, dass sie mit deren Hilfe in einen Dialog mit dem Göttlichen treten kann. Auf diesem Recht jedes Individuums, mit dem Koran in einen eigenen, individuellen Dialog zu treten, sollten wir auch bestehen und es unbedingt verteidigen. Aber genauso wichtig ist es, den Gläubigen wie den Nichtgläubigen das notwendige Wissen an die Hand zu geben, damit sie den Koran historisch richtig verstehen können. Wir müssen die Institutionen unserer religiösen Erziehung so ändern, dass auch dieses Wissen zum Religionsunterricht gehört und nicht nur das Auswendiglernen oder das buchstabengetreue Verständnis.

Nun ist es unter Muslimen traditionell und der orthodoxen Rechtsauffassung entsprechend üblich, dass der Koran auf Arabisch rezitiert und auch das Gebet vollständig in arabischer Sprache ausgeführt wird. Viele Muslime weltweit werden so daran gehindert, in ihren Gebeten in eine fruchtbare Kommunikation mit dem Göttlichen einzutreten – und das nur, weil sich die theologische Diskussion an einem bestimmten Punkt innerhalb der Geschichte des Islam mehrheitlich dieser und eben nicht einer anderen Auffassung zugeneigt hat.

Dass die Gebete auf Arabisch zu sprechen sind, war in der Frühzeit des Islam nämlich keineswegs selbstverständlich, sondern verdankt sich einer historischen Entwicklung und Entscheidung innerhalb des Islam. Bekanntermaßen entwickelten sich im islamischen Mittelalter vier sogenannte Rechtsschulen, die mit jeweils etwas anderen Akzenten und Methoden versuchten, den Koran auf seine Konsequenzen für die Politik und fürs Alltagsleben zu interpretieren. Ein Rechtsgelehrter, Schafi'i (geb. 767 bei Ghaza, gest. 820 in Fustat/Ägypten), bestand auf der Auffassung, dass ein Gebet seinen vollständigen Wert nur dadurch erlange, dass es in arabischer Sprache ausgeführt werde. Zu seinen Lebzeiten war Schafi'i weder die einzige noch die ausschlaggebende Autorität zu diesem Thema; der einflussreiche persische Gelehrte Abu Hanifa (geboren 699 in Kufa, gest. 767 in Bagdad) hatte erlaubt, dass das Pflichtgebet in jeder Sprache verrichtet werden konnte. Doch im Laufe der Geschichte setzte sich Schafi'is Position schließlich durch und wurde zum Dogma.

Davor war es nicht-arabischen Muslimen durchaus erlaubt, die Suren des Korans in übersetzter Form in ihrer Muttersprache zu sprechen, meistens in Persisch. Man wusste nämlich, dass man es einem frisch konvertierten Perser oder Byzantiner ansonsten unnötig schwer machte. Denn wie soll man mit dem Göttlichen in einer Sprache kommunizieren, die man nicht kennt?

Und das Gebet ist nun einmal im Wesentlichen eine Form der Kommunikation. Dabei kennen wir im Islam zwei verschiedene Formen des Gebets, von denen das eine, die *du'a*, ohnehin in jeder von dem Gläubigen gesprochenen Sprache ausgeführt wird. Es handelt sich um eine freie Form des Gebets, eine nicht ritualisierte Fürbitte.

Das muslimische Ritualgebet hingegen, *salat* genannt, besteht aus einer Abfolge von Bewegungen, die vom leisen Aussprechen bestimmter Koranpassagen oder kurzer Suren und religiöser Formeln begleitet werden. Eine solche Abfolge nennen wir *rak'a*. Dieses Ritualgebet ist als eine Art Mikro-Manifestation der ursprünglichen, archetypischen Kommunikation zwischen Mohammed und dem Göttlichen zu verstehen; ich werde gleich genauer erläutern, was ich damit meine.

Die fünf über den Tag verteilten Gebete setzen sich aus einer jeweils unterschiedlichen Zahl von *rak'as* zusammen: Zwei *rak'as* umfasst das Morgengebet, vier das Mittagsgebet, vier das Nachmittagsgebet, drei das Abendgebet und vier das Nachtgebet.

Man beginnt das Gebet, indem man seine Absicht bekundet zu beten und *Allahu akbar* sagt, Gott ist groß: Damit bringt man zum Ausdruck, dass man sich jetzt in eine andere Sphäre als die des Alltags begibt. Dieses *Allahu akbar* kündigt den Eintritt in den Bereich der persönlichen Kommunikation mit dem Göttlichen an.

Dann wird im Stehen die Eröffnungssure *al-Fatiha* rezitiert:

> 1. Im Namen Gottes, des Erbarmers, des Barmherzigen.
> 2. Lob sei Gott, dem Weltenherrn, 3. dem Erbarmer, dem Barmherzigen, 4. dem Herrscher am Tage des Gerichts! 5. Dir dienen wir und zu Dir rufen wir um Hilfe. 6. Leite uns den rechten Pfad. 7. Den Pfad derer, denen Du gnädig bist, nicht derer, denen Du zürnst, und nicht der Irrenden.

In dieser ersten Sure ist derjenige, der spricht, der Mensch, und der Adressat ist das Göttliche. In dieser Hinsicht ist die erste Sure strukturell ähnlich angelegt wie sämtliche liturgischen Passagen im Koran; es gibt im Koran viele Stellen, an denen sich der Mensch an das Göttliche wendet. Und doch ist die Sure *al-Fatiha* in zwei Hinsichten einzigartig: Zum einen ist jeder Muslim verpflichtet, sie mindestens 17 Mal pro

Tag während der Pflichtgebete zu rezitieren: zwei Mal beim Morgengebet, je vier Mal beim Mittags- und Nachmittagsgebet, drei Mal im Abend- und nochmals vier Mal im Nachtgebet. Abu Huraira, ein Zeitgenosse und Gefährte des Propheten Mohammed, berichtete, dass dieser erklärte: „ein Gebet ohne die Rezitation der Sure *al-Fatiha* ist inakzeptabel, inakzeptabel, inakzeptabel".

Zum zweiten wird die einzigartige kommunikative Bedeutung der Eröffnungssure *al-Fatiha* durch eine Bemerkung unterstrichen, die uns ebenfalls Abu Huraira von Mohammed überliefert, dass nämlich Gott auf jeden rezitierten Vers dieser Sure direkt antwortet.

Wenn also der Mensch den zweiten Vers der Eröffnungssure rezitiert: *al-hamdu li-llahi rabbi l-alamin* – Preis sei Gott, dem Weltenherrn, dann antwortet Gott: „Mein Diener preist mich." Wenn er ihn mit dem nächsten Vers als den Erbarmer, den Barmherzigen anruft, dann antwortet Gott: „Mein Diener erhöht mich." Wenn der Betende sagt: „Herrscher am Tage des Gerichts", dann antwortet Gott: „Mein Diener verherrlicht mich." Wenn es dann heißt: „Dir dienen wir und zu Dir rufen wir um Hilfe", sagt Gott: „Dies ist zwischen meinem Diener und mir, und alles, worum mein Diener bittet, sei gewährt." Wenn der Betende schließlich sagt: „Bitte leite uns den rechten Pfad, den Pfad derer, denen du gnädig bist, nicht den Weg derer, denen zu zürnst, und nicht der Irrenden", dann sagt Gott: „Dies ist für meinen Diener, und alles sei ihm gewährt."

Abgesehen von dieser einzigartigen Bedeutung der Sure *al-Fatiha* für die muslimische Praxis, lässt sich an dieser Sure exemplarisch sehr gut zeigen, was ich meine, wenn ich von der Polyphonie des Korans spreche. Wie in anderen liturgischen Texten, ob des Islam oder anderer Religionen, wendet sich der Gläubige mit seinem Flehen, seinen Bitten oder Fragen an das Göttliche; daher ist in solchen Texten die Stimme des Sprechers nicht das Göttliche, sondern der Gläubige. Diesem Phänomen ist im Koran immer wieder zu begegnen. Auch in den letzten beiden Suren 113 und 114, die vor allem rezitiert werden, um Zuflucht vor dem Bösen zu suchen, spricht die Stimme des Gläubigen und wendet sich bittend an Gott.

Nun ist aber nach muslimischer Auffassung der Koran das Wort Gottes – warum also ist dies kein Widerspruch? Weil der Koran nicht monophon angelegt ist, sondern polyphon: Aus ihm sprechen viele Stimmen. In ihm finden wir die Stimme der frühen muslimischen Gemeinschaft wieder, wenn sie sich bei Mohammed in bestimmten Angelegenheiten Auskunft holte, aber auch die Stimmen derer, die Mohammed verspotteten oder angriffen – ob Mekkaner, Medinenser oder Juden. All diese Gespräche und Diskussionen finden sich im Koran wieder. Ich habe bereits auf Passagen verwiesen, in denen der Koran zu zitieren anhebt: „Sie sagen …" „Sie fragen dich …" Hier kommen andere Stimmen in zitierter Form im Koran vor – und das ist ein einzigartiges, ganz besonderes Merkmal des Korans: Der Koran zitiert nicht nur frühere Texte und Botschaften, sondern auch die Antworten auf diese neuerliche Botschaft, ja sogar den Widerstreit.

Neben solchen zitierten Fragen oder Provokationen von Mohammeds Anhängern oder Widersachern gibt es aber eben auch Verse, aus denen der Gläubige direkt zum Göttlichen zu sprechen scheint. In der *al-Fatiha* zum Beispiel bittet der Gläubige selbst um Rechtleitung, seine Stimme wird nicht bloß zitiert. Das mag die Frage aufwerfen, wie es nun um die Position des Autors, Sprechers oder Erzählers hier bestellt ist?

Doch wir müssen uns daran erinnern, dass wir es bei dem Koran in dieser Hinsicht eher mit einem literarischen Text zu tun haben, der in Bezug auf Autor und Erzähler einer anderen Logik folgt als etwa ein theologischer Essay. Wenn wir zum Beispiel an einen Roman denken, haben wir es meist mit dem Werk eines einzelnen Autors zu tun. Dennoch hören wir eine Vielfalt verschiedener Stimmen, die der Autor so präsentiert, als ob sie nicht von ihm selbst stammten und bei denen er so tut, als greife er hier gar nicht ein. Das ist der literarische Aspekt einer Schrift, dass sie verschiedene Stimmen einschließt und es nicht mehr von Bedeutung ist, wer die „wirkliche" Stimme hinter all dem ist. Mit „Stimmen" sind hier schließlich keine realen Stimmen gemeint, die sich verbal äußern, sondern fiktionale Stimmen, die einen bestimmten Sinn transportieren.

Bezogen auf den Koran als Offenbarungstext mag das zunächst etwas verwirrend sein – aber nur, wenn man die Rede vom Koran als Wort Gottes wörtlich nimmt; wenn man den Koran durch und durch als eine Rede Gottes versteht, der als einziger Sprecher zu seinen Zuhörern spricht. Dem ist aber nicht so. Der Koran in seiner Gesamtheit ist die Kommunikation zwischen dem Göttlichen und den Menschen. Darum ist streng genommen sogar der Begriff „Diskurs" dem des Textes vorzuziehen. Um ganz exakt zu sein, sollte man sagen: Der Koran ist eine Komposition aus diversen Diskursen.

Und daher ist die Diskursanalyse auch besser geeignet als die Textanalyse, wenn man die einzelnen Stimmen identifizieren will, die gemeinsam den Diskurs bilden, dessen Autor nach muslimischem Verständnis das Göttliche ist. In der Diskursanalyse nämlich fragt man: Wer spricht hier jeweils – und zu wem? Wer ist der Sprecher in diesem speziellen Abschnitt des Diskurses, wer sind die Zuhörer, an die sich der Sprecher explizit richtet, und wer ist die implizite Zuhörerschaft, an die die Botschaft insgesamt ergeht? Wenn der Koran also beispielsweise zu den Juden spricht, ist die explizite Zuhörerschaft die der Juden, die implizite hingegen die der Gläubigen. Die Diskursanalyse berücksichtigt zudem den Kontext und findet auch Begriffe für die verschiedenen Typen von Diskurs: Antwort, Drohung, Fragen, Beschreibung.

Ein anderes Phänomen ist allerdings von dieser Polyphonie zu unterscheiden und wieder mit eher literaturwissenschaftlichen Mitteln zu erklären: Oft bemerken wir, dass in ein und demselben Koranvers die Position des Sprechers wechselt. Hier begegnen wir einer rhetorischen Figur, die bereits aus der vorislamischen Poesie bekannt ist und die *iltifat* genannt wird, was so viel bedeutet wie: die Aufmerksamkeit wenden. Der Autor spricht über jemand Anderen, und dann wechselt die Stimme des Sprechers oder Erzählers von der dritten in die erste Person. Solche Wechsel der Personalpronomina haben nichts mit der oben beschriebenen Vielstimmigkeit zu tun, sondern es ist hier ein und dieselbe Stimme, nur durch unterschiedliche grammatische Personen dargestellt. Es wechselt das Pronomen, das die Stimme ausdrückt – mit ich, wir, er oder sie –, nicht die Stimme selbst.

Neben der „echten" Polyphonie finden wir in der Sure *al-Fatiha* auch diese literarische Figur des *iltifat*. Zwar ist die Stimme dieser Sure der Gläubige und ihr Adressat das Göttliche, aber auch hier wird der Adressat manchmal als Er angesprochen, manchmal als Du. „*al-hamdu li-llah* – Lob sei Gott": Hier liegt die dritte Person Singular vor. Wenn es weiter heißt: „Dem Weltenherrn, dem Erbarmer, dem Barmherzigen, dem Herrscher am Tage des Gerichts", wird immer noch die dritte Person verwendet. Dann aber ändert sich das, und es heißt: „Dir dienen wir und zu Dir rufen wir um Hilfe." Hier wird also in die zweite Person gewechselt, wenn Gott angefleht wird, und so geht es weiter mit der Bitte: „Leite uns den rechten Pfad. Den Pfad derer, denen Du gnädig bist, nicht derer, denen Du zürnst, und nicht der Irrenden."

Durch das Rezitieren stellt der Betende also, wie gezeigt, dieses kommunikative Muster eines Dialogs mit Gott her. Der Gläubige erlebt eine ähnliche Situation der Kommunikation mit dem Göttlichen wie einst Mohammed. Wenn man aber kein Arabisch kann und es trotzdem verlangt ist, dass die Gebete auf Arabisch gesprochen werden müssen, wie soll dieses Ritual seinen tieferen Sinn erfüllen? Es mag sein, dass der betreffende Muslim weiß, was die Verse ungefähr bedeuten. Aber den Inhalt von etwas zu kennen, bedeutet bei weitem nicht dasselbe, wie die Sprache zu verstehen und einzelne Satzteile, die man rezitiert, nachvollziehen zu können.

Eine oft gehörte Begründung für diese Praxis ist, dass der Koran das Wort Gottes enthalte und daher auch in seiner authentischen Form rezitiert werden müsse. Hier gelangen wir an einen zentralen Punkt jedes Koranverständnisses – um den es früher lebhafte Debatten gegeben hat, die inzwischen aber so weit der Vergessenheit anheim gefallen sind, dass sich eine Auffassung als gleichsam einzig legitime durchgesetzt hat.

Wenn wir versuchen, die unstrittige, gemeinsame Basis aller Muslime aller Zeiten in einem Satz zusammenzufassen, kommen wir auf die folgende Definition: Der Koran ist das Wort Gottes, das dem Propheten Mohammed im Laufe einer Zeitspanne von 23 Jahren in arabischer Sprache geoffenbart worden ist. Hierin stimmen alle theologischen Richtungen und Schulen noch überein; doch alles, was darüber hinausgeht, wie dieser Satz im Einzelnen zu verstehen ist, ist eine Sache der Interpretation.

Beginnen wir mit dem, was ich die übergeordnete Kategorie des „Wortes Gottes" nenne. Nicht allein der Koran ist das Wort Gottes oder die Rede Gottes, er ist vielmehr *eine* Manifestation vom Wort Gottes. Ausdrücklich spricht der Koran von der Thora, den Evangelien, den Psalmen und anderen heiligen Schriften als früheren Manifestationen des Wortes Gottes. Auch die Bezeichnung „Volk des Buches", *ahl al-kitab*, für all diejenigen, die göttliches Wissen erlangen oder erlangten, zeigt, dass der Koran den Begriff „Wort Gottes" als übergeordnete Kategorie verwendet.

Offensichtlich sind Gottes Worte nicht nur diejenigen Worte, die im Koran geschrieben stehen. Der Koran selbst erklärt uns in Sure 31, dass das Wort Gottes schier unbegrenzt ist:

> 27. Und wenn das, was es auf der Erde an Bäumen gibt, Schreibrohre wären, und das Meer (als Tinte) bereits einmal leer gemacht wäre und noch sieben weitere Meere dazu erhielte, würden die Worte Gottes nicht zu Ende gehen. Wahrlich, Gott ist mächtig und weise.

Ganz ähnlich heißt es in der 18. Sure:

> 109. Sprich: Wenn das Meer Tinte für die Worte meines Herrn wäre, würde das Meer zu Ende gehen, bevor die Worte meines Herrn zu Ende gehen, auch wenn Wir noch einmal so viel hinzubrächten.

Beide Verse machen deutlich, dass das Wort Gottes nicht auf den Koran beschränkt ist: Das Wort Gottes erschöpft sich nicht in diesem einen Buch. Denn den Koran kann man in einigen Stunden oder Tagen abschreiben, und man braucht keinen Ozean von Tinte, um das zu bewerkstelligen.

Auch hier begegnen wir übrigens wieder der Vielfalt von Stimmen, die für die Polyphonie des Korans typisch ist. Zuerst haben wir mit „Sprich" einen Imperativ vorliegen, der von dem Göttlichen als Sprecher stammen könnte; dann hören wir von dem Herrn in der zweiten Person, er wird mit „mein Herr" angesprochen, weil hier Mohammed der Sprecher ist, der wiederholt, was Gott ihm zu sagen befal. Schließlich äu-

ßert sich die göttliche Stimme in der ersten Person Plural: „…
wenn *Wir* noch mal so viel hinbrächten".

Bisher haben wir vor allem betrachtet, inwieweit das Wort
Gottes über den Koran hinausgeht. In welchem Sinne aber
enthält nun der Koran das Wort Gottes, und wie verhalten
sich die sprachlichen Wendungen des Korans zu der von Mohammed empfangenen Botschaft von Gott? Damit berührt
man eine essenzielle theologische Frage, und man wird vielleicht auch die eine oder andere kritische Neubewertung der
koranischen Erzählungen vornehmen wollen.

Insbesondere die islamischen Theologen des Mittelalters
haben darüber detaillierte Debatten auf sehr hohem Niveau
geführt. Im 9. Jahrhundert beispielsweise führten sie einen
Disput darüber, ob der Koran als Gottes Wort in derselben
Weise ewig sei wie Gott selbst, oder ob er von Gott erschaf-
fen wurde wie alles andere Weltliche. Die bedeutende Schule
der Mu'taziliten akzeptierte die Idee von der Ewigkeit des
Korans nicht, weil sie eine Unmenge theologischer Probleme
aufwarf. Die Mu'taziliten verstanden Gott als absolut trans-
zendent, als einen, der nur in seiner Einheit, Einzigkeit und
Ewigkeit der menschlichen Vernunft zugänglich sein könne.
Wie könnte dann neben ihm etwas zweites Ewiges existieren?
Daher bestanden sie darauf, dass der Koran in menschlicher
Sprache ausgedrückt sei, in einer Sprache also, die von Menschen geprägt wurde und bereits existierte, bevor der Koran
entstand.

Zudem konnten sie sich nicht vorstellen, dass Gottes Wort
schon seit Ewigkeit bestehe; an wen sollte es sich gerichtet haben? Wenn jemand spricht, spricht er zu Zuhörern; also
konnte Gott erst sprechen, nachdem er die Welt erschaffen
und in Engeln und Menschen mögliche Zuhörer hatte.

Daher tendierten die Muʿtaziliten zu der Auffassung, dass der Koran erschaffen worden sei, dass er also in dieser Welt und im Laufe der Zeit erst entstand. Eine Zeitlang sorgte der Kalif al-Maʾmun (geb. 786 in Bagdad, gest. 833 in Tarsus) sogar mit politischen Mitteln dafür, dass nur die Lehre von der Geschaffenheit des Korans Gültigkeit hatte. Später setzte sich unter den Sunniten eher die Lehre von der Ewigkeit des Korans durch.

Eine für diese Debatte zentrale Koranstelle ist in Sure 43 enthalten:

> 2. Beim deutlichen Buch! 3. Wir haben es zu einem arabischen Koran gemacht, auf dass ihr verständig werdet. 4. Er ist aufgezeichnet in der Urschrift des Buches bei Uns, erhaben und weise.

Was heute oft mit Urschrift übersetzt wird, heißt im Arabischen *umm al-kitab*, also „Mutter des Buches". Dieser Vers legt die eine mögliche Interpretation nahe, derzufolge es eine Art Buch oder Gotteswort gibt, das ewig und bei Gott ist; man kann diese Stelle aber auch metaphorisch lesen, wonach *umm al-kitab* „göttliches Wissen" bedeuten würde.

Diese Frage ist schließlich mit jener anderen verwandt, inwieweit der Koran Gottes exakte Worte enthalte. Auch hierüber haben frühere Theologen zahllose Debatten geführt; die vorherrschende Meinung lautete schließlich, dass es sich bei dem Koran um das Wort Gottes handelt, das in menschliche Sprache übersetzt wurde. (Manche ergänzen hier noch: Das von dem Engel Gabriel in die menschliche Sprache übertragen wurde.)

Allerdings gibt es bis heute, möglicherweise sogar vor allem heute, Gläubige, die den Koran in einem noch strikteren Sinne als Gottes eigenen Wortlaut verstehen, nämlich als ob Gott genau diese Worte geäußert habe. So weit verbreitet diese Auffassung ist, so wenig zwingend ist sie. Man muss sich nur einmal die Konsequenz vorstellen: Hat Gott etwa Arabisch gesprochen?

Wenn der Koran das Wort Gottes in dessen exaktem Wortlaut enthielte, dann hätte Mohammed übrigens keine besondere Leistung vollbracht: Er hätte das Wort Gottes nur entgegengenommen und verkündet. Das entspricht allerdings kaum unserer Vorstellung dessen, was Mohammed getan hat. An dem, was der Koran heute ist, war Mohammed wesentlich beteiligt. Als Adressat von Gottes Wort hat er in die Offenbarung in vielfältiger Weise Eingang gefunden, und das ändert wiederum unsere Vorstellung von dem, was „Gottes Wort" bedeutet.

Unzweifelhaft jedoch hat Mohammed etwas empfangen. Die Tradition nennt das, was Mohammed empfangen hat, nicht eine aus menschlicher Sprache bestehende Botschaft, sondern eine Eingebung oder Inspiration, *wahy*. Laut dem Koran hat Gott nicht direkt zu Mohammed gesprochen, sondern auf vermittelte Weise. Die Sure 42 macht deutlich:

> 51. Und es steht keinem Menschen zu, dass Gott zu ihm spricht, es sei denn durch Eingebung oder von hinter einem Vorhang oder indem Er einen Boten sendet, der (ihm) dann mit Seiner Erlaubnis offenbart, was Er will. Er ist erhaben und weise. 52. Und so ließen Wir dir auf Unser Geheiß von Unserem Geist offenbaren. Du wusstest nicht (vorher), was das Buch und was der Glaube ist. Und doch haben Wir es zu einem Licht gemacht, mit dem Wir rechtleiten, wen von Unseren Dienern Wir wollen …

Das Wort „Eingebung" entspricht hier dem arabischen Ausdruck *wahy*. Dieser wird im Koran ebenso wie in der vorislamischen Dichtung immer wieder benutzt, um eine nonverbale Kommunikation zwischen Wesen anzuzeigen, die verschiedenen Existenzstufen angehören, also in der Kommunikation zwischen dem Göttlichen und bestimmten Menschen oder dem Göttlichen und bestimmten Tieren etc.

In den zitierten Versen werden nur drei Kommunikationskanäle zwischen Gott und Mensch erwähnt: erstens *wahy*, also die nonverbale Kommunikation. Zweitens gibt es die Kommunikation von „hinter einem Vorhang", der wir schon im Falle Moses und dem brennenden Busch beziehungsweise dem Berg begegnet sind. Die dritte Art der Kommunikation, von der angenommen wird, dass der Koran auf diese Weise Mohammed geoffenbart wurde, vollzieht sich über einen Vermittler; aber auch dieser Vermittler bedient sich wieder des *wahy*, der nonverbalen Kommunikation.

Nun können wir einen genaueren Blick auf die Schwierigkeiten werfen, denen sich Mohammed zumindest während der ersten Offenbarungserlebnisse ausgesetzt sah. Der Hadith-Sammlung al-Bucharis zufolge erzählte Mohammed selbst: „Manchmal kommt sie (die Offenbarung) zu mir wie das Läuten einer Glocke, das ist die schmerzhafteste Form der Offenbarung. Wenn es nachließ, behielt ich, was mir eingegeben worden war. Manchmal kommt ein Engel zu mir in Menschengestalt, und ich behalte, was er sagte." Und Aischa fügte hinzu: „Ich sah, wie die Inspiration an einem sehr kalten Tag zu dem Propheten kam, und bemerkte, wie ihm der Schweiß von der Stirn tropfte."

Erst als diese Momente vorbei waren, konnte er ausmachen, was ihm geschehen war. Demnach handelte es sich offenbar nicht um eine verbale Form der Offenbarung. Der Koran selbst bestätigt dies, wenn er in der 75. Sure auf Mohammeds Bemühen eingeht, nach den Worten zu suchen, die er durch den Klang der Glocke vernommen haben könnte; der Koran weist ihn an, dies nicht zu tun:

> 16. Bewege deine Zunge nicht zu schnell. 17. Uns obliegt schließlich seine Sammlung und Lesung. 18. Darum, wenn Wir ihn vortragen lassen, dann folge seiner Vortragsweise aufmerksam. 19. Uns obliegt dann seine Erklärung.

Obwohl die Stimme des Sprechers hier nicht leicht zu bestimmen ist – es könnte die Stimme Gabriels sein –, geht die islamische Tradition davon aus, dass es sich um die Stimme Gottes handelt. Ibn Abbas, ein Cousin Mohammeds und ein sehr einflussreicher Koranexeget, kommentiert diese Stelle so: „Die Offenbarung war für Gottes Gesandten nicht leicht zu ertragen, und er pflegte seine Lippen (schnell) mitzubewegen, wenn die Inspiration über ihn kam. Aus diesem Grund offenbarte Gott ihm (die obigen Verse), die besagen, dass Gott dafür sorgen wird, dass er (der Prophet) die geoffenbarten Stücke des Korans auswendig erinnern und rezitieren können wird. Die Aussage (in Vers 18) besagt: ‚Hör zu und sei still‘. Vers 19 besagt: ‚dann wird Gott dich dazu bringen, es zu rezitieren‘. Von da an hörte Gottes Gesandter Gabriel zu, wann er auch kam, und nach dessen Verschwinden rezitierte er, was Gabriel rezitiert hatte."

Anderen Überlieferungen nach war es der Engel Gabriel, der wörtlich zu Mohammed gesprochen hat – also auch in diesem Fall nicht Gott selbst. Aber auch Gabriel, der Überbringer der Botschaft, wird ja nicht Arabisch gesprochen haben. Und gemäß dem Koran hat auch der Überbringer eine Inspiration gebracht, keine wörtliche Offenbarung.

Möglicherweise war es für Mohammed in einem späteren Stadium leichter, die Botschaft sofort zu erfassen, was bei den frühen Muslimen den Eindruck erweckt haben mag, er habe direkt eine wörtliche Botschaft erhalten. Das könnte der Grund dafür sein, dass es einige Quellen so darstellen, als habe es sich um eine wörtliche Überlieferung gehandelt. Aus den genannten Gründen meine ich aber, wir sollten dieses Konzept der verbalen Kommunikation neu überdenken.

Wenn wir über den Koran als authentisches Gotteswort sprechen, sind schließlich auch linguistische Aspekte mitzubedenken. Die damalige arabische Schreibweise unterscheidet sich von unserer heutigen, in der Punkte und Vokalzeichen die Vokalisierung eines Wortes angeben und zu größerer Klarheit und Eindeutigkeit bezüglich der Wortbedeutung beitragen. Als der Koran zum ersten Mal schriftlich fixiert wurde, wurden nur die Konsonanten wiedergegeben. Das erste, vom Kalifen Uthman in Auftrag gegebene Koranmanuskript war im Grunde ein nicht lesbarer Text, eher eine Notation, die beim Rezitieren der Verse als Gedächtnisstütze diente.

Um Missverständnissen beim Lesen vorzubeugen, hat man im Laufe der späteren Entwicklung die Vokale in ihrer kurzen Form mit unterschiedlichen Zeichen über bzw. unter dem zugehörigen Konsonanten bezeichnet. Den so gewonnenen „Lesehilfen" kommt eine große Bedeutung zu, weil sie zwischen unterschiedlichen Varianten Klarheit schaffen. Im frühen Arabisch war dies allerdings noch nicht üblich, und so ist dieses Vokalisierungssystem erst nachträglich in den von Uthman erstellten Koran eingefügt worden.

Zudem ist überliefert, dass es bereits in Mohammeds früher Gemeinde Unstimmigkeiten gab, wie ein bestimmter Ausdruck denn eigentlich gelautet habe. Der eine sprach sich für diese Vokalisierung aus, der andere für jene, woraufhin beide zu Mohammed gegangen sind und ihn gefragt haben, wer von ihnen denn nun Recht habe. Und Mohammed hat sich die Fassung des einen angehört und bestätigt, dass sie richtig sei, und er hat sich die Fassung des anderen angehört und erklärt, so stimme es auch. Wie der bedeutende Universalgelehrte, insbesondere auch Historiker und Jurist al-Tabari (geb. 839 in Amul, gest. 923 in Bagdad) in der Einleitung zu seinem Korankommentar schreibt, hat diese Auskunft die Leute verwirrt, und Mohammed hat erklärt: Es bleibt Gottes Botschaft, solange ihr nicht etwas Verbotenes zu etwas Erlaubtem erklärt oder etwas Erlaubtes zu etwas Verbotenem.

Das waren also die Prinzipien: Es sollte inhaltlich nichts umgeschrieben werden. Aber bisweilen hat Mohammed erlaubt, dass man ein einzelnes Wort durch ein anderes ersetzt, um das Verständnis zu erleichtern – nicht für die Araber vom Stamm der Quraisch, die denselben Dialekt sprachen, sondern für einen Stamm, für den ein bestimmtes Wort etwas geradezu Umgekehrtes des damit Gemeinten bedeuten konnte. Einer solchen Änderung oder Richtigstellung hätte er wohl kaum zugestimmt, wenn es sich um die wortgetreue Rezitation der Rede Gottes gehandelt hätte!

Ihre Überzeugung, beim Koran handele es sich um den exakten Wortlaut Gottes, ist der Grund, weswegen viele Muslime einer historischen Lesart des Korans ablehnend gegenüber stehen. Sie halten es geradezu für eine Sünde, Zweifel an diesem Dogma zu äußern. Doch das sollte uns nicht abschrecken. Mein Glaube an Gottes Offenbarung und an Mohammeds Prophetentum wird doch kein bisschen dadurch erschüttert, dass ich im Koran eher das Ergebnis einer göttlichen Eingebung als den exakten göttlichen Wortlaut sehe!

Und bis hierher habe ich ja noch gar nicht vom Prozess der Kanonisierung gesprochen, also davon, wie die einzelnen Sequenzen der Offenbarung zu der Einheit des heutigen Korans geformt wurden. Das war nun ganz und gar menschliches Tun: die Sammlung der vielen einzelnen Passagen, ihr Arrangieren zu einem Textkorpus und das Niederschreiben des Korans in einer lesbaren, verlässlich vokalisierten Schrift. Aufgrund des erwähnten Phänomens, dass zu Beginn nur die Konsonanten notiert wurden, war der Text nicht ohne weiteres lesbar, bis die Punkte und Vokalzeichen in den von Uthman erstellten Koran eingefügt wurden.

Das heißt, an der Gestaltung der endgültigen Form des Korans waren Menschen beteiligt; und doch wird oft so getan, als habe es all diese Stadien menschlicher Bearbeitung nicht gegeben. Manche heutige Muslime wissen nicht einmal darum – wie konnte dieses Wissen verloren gehen, nur weil sich eine bestimmte Theorie durchgesetzt hat, die der kritischen Prüfung nicht standhalten kann?

6. Das Klare und das Zweideutige – Wege der Interpretation

Nach dem Glauben der Muslime enthält der Koran eine Botschaft für alle Zeiten und alle Teile der Welt; sein Inhalt muss sich allen Menschen erschließen können, die sich ihm nähern. Daraus folgt notwendigerweise, dass es eine Reihe verschiedener Interpretationsmöglichkeiten gibt, je nach dem Stand menschlichen Wissens und nach den jeweiligen sozio-politischen und kulturellen Umständen der jeweiligen Interpreten. Ausdrücke und Verse müssen mehrere Bedeutungsebenen besitzen, denn es handelt sich um Aussagen, die sowohl eine konkrete Bedeutung für ihre ursprünglichen Hörer gehabt haben als auch eine Bedeutung, die spätere Zuhörer aus ihnen herauslesen können. So wird sich an vielen Stellen des Korans die Frage stellen, ob sie neben ihrer wörtlichen Bedeutung eine metaphorische Bedeutung besitzen, und wenn ja, welche. Und oft kann es dabei vorkommen, dass die wörtliche Bedeutung für uns heutige Leser in den Hintergrund tritt, während es die metaphorische ist, die den tieferen und überzeitlichen Gehalt der Verse transportiert.

Auch diesen metaphorischen Gehalt des Korans kann man nur richtig entschlüsseln, indem man die jeweiligen Verse und Ausdrücke ihrem historischen Kontext zuordnet. Die Entscheidung allerdings, welche Begriffe und Aussagen überhaupt als metaphorisch anzusehen sind, ist selbst bereits Teil eines Verständnisprozesses, der sich im Laufe der Geschichte gewandelt hat. In bestimmten Jahrhunderten wurden von Theologen wie den bereits erwähnten Muʿtaziliten einige Metaphern als zentral und interpretationsbedürftig angesehen; das unmittelbare Verständnis anderer Stellen haben sie offenbar vorausgesetzt. Viele der später intensiv diskutierten Koranverse scheinen in der Anfangszeit des Islam überhaupt keine derartigen Rätsel aufgeworfen zu haben.

Nun haben wir zwar keine Gewissheit, welche Passagen die frühe muslimische Gemeinde wörtlich verstanden hat und bei denen erst spätere Theologen die Notwendigkeit sahen, sie metaphorisch zu lesen. Aber vieles von dem, was uns heute auslegungsbedürftig erscheint, wird für die Muslime zu Mohammeds Zeiten keine Fragen aufgeworfen haben.

Schwierigkeiten bei der Auslegung bestimmter Stellen sind erst später aufgetreten, und die Notwendigkeit, zwischen einer wörtlichen und einer metaphorischen Rede zu unterscheiden, wurde erst ab etwa dem 9. Jahrhundert gesehen. Diese theologischen Diskussionen sind uns überliefert und von heute aus nachvollziehbar; wie hingegen das Verständnis entsprechender Stellen ausfiel, bevor es problematisiert wurde, ist nicht dokumentiert. Wenn es zum Beispiel heißt, Gottes Hand liege über denjenigen, die Mohammed Treue geloben (Sure 48:10), lässt sich von heute aus nicht mehr sagen, ob die frühen Muslime den Ausdruck „Hand" wörtlich genommen oder wie sie sich die Bedeutung eines solchen Bildes ansonsten vorgestellt haben.

Jedenfalls zeigt uns der koranische Text, wenn er von Gottes Wesen spricht, zwei verschiedene Dimensionen. Auf der einen Seite haben wir das reine, unkörperliche Bild des Göttlichen wie in der 112. Sure:

> 1. Sprich: Er ist Gott, ein Einziger, 2. Gott, der Undurchdringliche. 3. Er hat nicht gezeugt, und Er ist nicht gezeugt worden, 4. und niemand ist Ihm ebenbürtig.

Auf der anderen Seite stehen plastische Verse, die sich Metaphern aus dem Bereich des menschlichen Körpers bedienen.

Dass diese beiden Dimensionen nebeneinander existierten, scheint die frühen Muslime überhaupt nicht irritiert zu haben. Später aber wurden die Passagen Gegenstand theologischer Dispute um den so genannten Anthropomorphismus, also die vermenschlichende Beschreibung Gottes. Warum – warum überhaupt, warum gerade jetzt?

Möglicherweise tauchten diese Fragen auf, weil die Muslime inzwischen in Berührung mit der christlichen Theologie gekommen waren. Ich habe schon darauf hingewiesen, dass die Araber, wenn sie bei der Ausbreitung ihres Reiches auf Christen oder andere Nichtmuslime stießen, kulturelle Einflüsse von diesen aufnahmen. Dem gängigen Klischee zum Trotz haben die Muslime auch keineswegs versucht, alle Bewohner in den eroberten Gebieten zum Islam zu bekehren; teilweise stand das sogar im Widerspruch zu den Interessen der Kalifen und Sultane, weil nämlich Nichtmuslime eine zusätzliche Steuer zu zahlen hatten, die wegfiel, sobald jemand konvertierte. In den von den Muslimen eroberten Gebieten kam es also zu einem Nebeneinander von muslimischem und älterem, darunter auch christlichem Gedankengut. Ein Beispiel für eine in dieser Hinsicht geistig besonders rege und fruchtbare Stadt ist Damaskus. Damaskus blieb auch nach seiner Eroberung durch die Araber 636 und sogar, nachdem es 661 zur Hauptstadt des Umayyadenreiches geworden war, ein bedeutender Ort des christlichen Geisteslebens. Johann von Damaskus (geb. 650 in Damaskus, gest. 749 im Kloster Mar Saba bei Jerusalem) beispielsweise wurde einer der bedeutendsten Kirchenväter der Ostkirche; er war am umayyadischen Kalifenhof gemeinsam mit dem späteren Kalifen Yazid I. aufgewachsen.

Anders als die noch junge muslimische Religionslehre war die christliche Theologie im Vorderen Orient bereits weit fortgeschritten. Man hatte Debatten über das Wesen Gottes geführt, über das Verhältnis von Vater und Sohn und über die Dreifaltigkeit. Man hatte seit Jahrhunderten Erfahrungen mit Dogmen, ihrer Präzisierung und Überarbeitung, mit Debatten und Konzilen. Die Muslime lernten von diesen christlichen Diskussionen; unter anderem hörten sie hier zum ersten Mal von dem Konzept des körperhaften beziehungsweise des unkörperlichen Gottes, das natürlich auch die Christen bereits bewegt hatte; und die muslimische Theologie begann darauf zu reagieren. Koranstellen wurden problematisiert, die sich bis dahin von selbst zu erklären schienen.

Vermutlich dadurch wurde die metaphorische Lesart angestoßen. Man gelangte zu der Überzeugung, dass man Stellen wie die obige, in der die Hand Gottes erwähnt wird, nicht wörtlich verstehen dürfe; folglich mussten diese Stellen eine andere, also metaphorische Bedeutung haben. Die anderen Passagen des Korans aber, in denen die Unkörperlichkeit Gottes betont wird, wurden von nun an als die essenziellen Aussagen des Korans verstanden, in deren Lichte oder nach deren Maßgabe die ersteren interpretiert werden sollten. Diese Unterscheidung in eine wörtliche und eine tiefer liegende Bedeutung spielt bis heute eine wichtige Rolle bei der Interpretation des Korans wie übrigens auch vieler anderer religiöser Texte.

Ein weiteres theologisches Thema, das die mittelalterliche muslimische Gemeinde oder zumindest ihre Theologen beschäftigte, war die Frage nach dem freien Willen: Können wir Menschen uns frei zwischen verschiedenen Handlungen entscheiden, haben wir den Verlauf unseres Lebens selbst in der Hand oder ist uns unser Schicksal vorherbestimmt? Wenn man an eine vollständige Vorherbestimmung (*qadar*) glaubt, könnte man meinen, dass menschliches Handeln kaum der Mühe wert sei, weil Gottes Wille ohnehin bereits über die Entwicklung jedes Geschehens verfügt habe. Dass alle Muslime auf diese Weise schicksalsergeben seien, ist eine gängige westeuropäische Vorstellung, man könnte auch sagen: ein Vorurteil. Ich werde im letzten Kapitel noch darauf zurückkommen. Zunächst einmal ist vor allem wichtig zu wissen, dass die Frage des Freien Willens oder der Vorherbestimmung unter muslimischen Theologen viel diskutiert worden ist.

Wenn wir diese Frage anhand des Korans entscheiden wollen, werden wir merken: Wir finden darin Stellen, die nahezulegen scheinen, dass alles menschliche Handeln determiniert ist, dass uns unser Leben und Sterben von Gott vorherbestimmt ist und wir nur unserer Vorsehung folgen, wie in Sure 6:

> 125. Und wen Gott rechtleiten will, dem weitet Er die Brust für den Islam, und wen Er irreführen will, dem macht Er die Brust so eng und bedrückt, als müsste er den Himmel erklimmen. So straft Gott die Ungläubigen.

Dann gibt es aber auch wieder andere Stellen, die nahe legen, dass es einen Freien Willen gibt und der Mensch sich wesentlich dadurch auszeichnet, eigene Entscheidungen zu treffen und etwas zu tun oder es zu unterlassen. Das ist der Inhalt all derjenigen Stellen, die Belohnung und Strafe im Jenseits an das Verhalten der jeweiligen Person im Diesseits knüpfen – ein Verhalten also, das Willensfreiheit voraussetzt. Ein Beispiel dafür enthält die zweite Sure:

> 62. Siehe, die da glauben, auch die Juden und die Christen und die Sabäer – wer immer an Gott glaubt und an den Jüngsten Tag und das Rechte tut, die haben ihren Lohn bei ihrem Herrn. Keine Furcht kommt über sie, und sie werden nicht traurig sein.

Die Spannung zwischen diesen beiden Tendenzen beschäftigte die Gläubigen, sie musste irgendwie gelöst werden. Daher erklärten die Theologen, die der Theorie des Freien Willens anhingen, man müsse andere Stellen, die nach Vorherbestimmung klangen, metaphorisch verstehen; andere Theologen argumentierten genau umgekehrt. So wurde der Koran zu einem Schlachtfeld der verschiedenen theologischen Richtungen. Seine Verse wurden nach zwei Kategorien unterschieden: das Klare (*muhkam*), das keiner metaphorischen Interpretation bedarf, und das Zweideutige (*mutaschabih*), das nicht wörtlich ausgelegt werden konnte. Über die grundsätzliche Unterscheidung dieser beiden Kategorien herrschte unter allen theologischen Schulen Einigkeit; sie wurde auch aus dem Koran selbst abgeleitet, der in Sure 3:7 von eben diesen eindeutigen oder klaren Versen und den mehrdeutigen spricht. Uneinigkeit, Diskussion und Streit herrschten allerdings, wenn es darum ging, welche Verse dieser und welche jener Kategorie zuzuordnen seien.

Auch an diesem Beispiel sieht man gut, dass sich die Frage, welche Passagen des Korans wörtlich auszulegen sind und welche metaphorisch, keineswegs von selbst klärt, sondern dass diese Problematik erst innerhalb theologischer Debatten ihre Bedeutung erhielt. Und nun können wir uns fragen, was wir heute damit anfangen wollen. Was sollen wir modernen Muslime glauben, welcher Richtung der Koraninterpretation sollen wir folgen?

Hier aber muss ich den Leser, der sich ein endgültiges Urteil erhofft, enttäuschen. Ob der Koran nämlich das Bild eines körperhaften Gottes proklamiert oder nicht, ob der Koran die Prädestinationslehre „vertritt" oder nicht, das sind meiner Meinung nach die falschen Fragen. Und warum? Weil wir dabei den dynamischen Charakter des Korans unterschlagen.

Wenn wir so fragen, sehen wir den Koran als eine durchgeplante Theorie an, die für jedes theologische Problem eine widerspruchsfreie Antwort haben muss. Aber damit projizieren wir etwas auf den Koran, was er nicht ist. Der Koran ist nun einmal kein theologisches Traktat!

Um es noch einmal zu betonen: Der Koran ist das Ergebnis eines Dialoges, der sich über viele Jahre mit bestimmten Zuhörern vollzog und immer wieder auf deren Lebenssituation, Einwände und Fragen einging. Vor diesem Hintergrund erhalten die entsprechenden Aussagen ihre Bedeutung. Zum Beispiel waren die meisten Passagen, die von der Vorherbestimmung handeln, gegen widerstrebende und auch aggressive Zeitgenossen von Mohammed gerichtet, die immer wieder auf Mohammed zukamen und spotteten: Du willst uns also drohen? Du sagst, dein Gott wird uns bestrafen, er wird uns Blitz und Donner schicken – wo ist er denn nun, dieser Donner? Wir warten! Von solchen Reaktionen, die schon der frühere Prophet Hud auf seine Warnungen erhalten hatte, zitiert der Koran beispielsweise in Sure 7:70 oder in 46:

> 22. Sie antworteten: „Bist du etwa gekommen, um uns unseren Göttern zu entfremden? Bringe doch über uns, was du uns da androhst, sofern du die Wahrheit sagst."

Und die Antwort auf solche Provokation sind sowohl die Tröstung Mohammeds und der Aufruf an ihn, geduldig zu sein, als auch die sehr strenge, deterministisch klingende Sprache des Korans, die aus Versen wie dem folgenden aus Sure 6 entgegenschlägt:

> 34. Und schon vor dir wurden Gesandte für Lügner erklärt. Sie ertrugen die Beschuldigung der Lüge und das Leid, das man ihnen zufügte, bis Unsere Hilfe zu ihnen

kam. Denn Gottes Versprechen ändert niemand ab. Du hast doch gewiss schon Nachricht über manche Gesandte erhalten. 35. Und wenn dir ihre Lauherzigkeit schwer fällt und du imstande bist, einen Schacht in der Erde oder eine Leiter zum Himmel zu finden, um ihnen ein Zeichen zu bringen (dann tu es doch). Wenn Gott wollte, versammelte Er sie schon unter (deiner) Rechtleitung; darum sei keiner der Unwissenden.

Mohammeds ungläubige Zeitgenossen sprachen eine starke Herausforderung, eine Provokation aus, also antwortet der Koran in einer sehr entschiedenen Sprache. Er kehrt die Sachlage um, um zu zeigen: Auch wenn es Menschen gibt, die sich dem Glauben verweigern, hat Gott doch nach wie vor die Kontrolle! Der Koran musste nach einem überzeugenden Weg suchen, um dies zu beweisen, und die Antwort, die er fand, lautete: Die Provokateure seien nicht so widerstrebend, weil sie sich aus freien Stücken dem göttlichen Willen verweigern. Sie glaubten, sie hätten diese Entscheidung selbst in der Hand? – Oh nein! Wenn Gott wollte, dass sie sich bekehrten, dann würde er sie auch bekehren.

Ohne diesen Hintergrund sind die entsprechenden Verse nicht richtig zu lesen. Es ist also ein Kontext von Provokation und Antwort, kein Kontext, in dem theologische oder weltanschauliche Normen oder Thesen aufgestellt werden sollen.

Dieses Motiv der Vorherbestimmung ist im Übrigen nicht zu verwechseln mit dem liturgischen Beispiel, das wir in der Sure *al-Fatiha* finden, auf deren Sprecherpositionen wir schon im vorigen Kapitel eingegangen sind. Auch hier klingt das Thema an, dass es Gott ist, der die Menschen zum Glauben oder in den Irrglauben führt:

5. Dir dienen wir und Dich rufen wir um Hilfe. 6. Leite uns den rechten Pfad, 7. den Pfad derer, denen Du gnädig bist, nicht derer, denen Du zürnst, und nicht der Irrenden.

Doch der entscheidende Unterschied ist eben der, dass wir es hier mit einem ganz anderen Sprecher zu tun haben: Der Sprecher ist diesmal nicht das Göttliche, sondern der Gläubige. Und das macht einen enormen Bedeutungsunterschied aus. Wenn der Betende spricht: Bitte leite uns den rechten Pfad, spricht aus dieser Bitte der Glaube an die Macht, sogar die Allmacht Gottes. Auch das ist keine These, die derjenigen von der göttlichen Gerechtigkeit widersprechen wollte, sondern Ausdruck der normalen Haltung eines Gläubigen. Mit diesem Gebet bringen wir unseren Glauben zum Ausdruck, dass es eine höhere, stärkere Macht gibt als uns selbst; wir bekunden unsere Demut, unsere Bereitschaft, uns ihrem Willen zu unterstellen, und erbitten Beistand durch das Göttliche.

Wir finden im Koran also verschiedene Stellen, an denen so etwas wie Vorherbestimmung angesprochen wird – aber eingebettet in völlig unterschiedliche Kontexte. Daher, so meine ich, kann man die Frage nach der Bedeutung der Vorherbestimmung im Koran nicht abstrakt klären, sondern muss im jeweiligen Fall schauen, welche Art von Diskurs man jeweils vorliegen hat. Im Koran sind viele solcher unterschiedlicher Diskursformen gebündelt: Mal ist die Sprache beschreibend, mal überzeugend, herausfordernd, reagierend. Meist ist es das Göttliche, das spricht, manchmal aber auch, wie wir gesehen haben, die Stimme eines Gläubigen. Solche Unterschiede bringt erst eine gründliche Analyse der Sprache ans Licht.

An anderen Stellen wiederum gibt es neben der wörtlichen oder der metaphorischen Bedeutung noch eine dritte Funktion, die als Bild erscheinen kann, nämlich das einer Allegorie oder eines Symbols. Denken wir an die vielen Verse im Koran, an denen von der jenseitigen Belohnung oder Bestrafung die Rede ist. Am Jüngsten Tag, so heißt es, werden die Menschen vor Gott versammelt; keine Sünde, keine Bösartigkeit, kein Hochmut ist Gott verborgen geblieben, und entsprechend wird die Strafe ausfallen. In Sure 40 zum Beispiel heißt es:

60. Und euer Herr spricht: „Ruft Mich an, Ich werde auf euch eingehen! Diejenigen aber, welche zu stolz dafür sind, Mich anzurufen, werden gedemütigt in die Hölle eingehen."

Wenige Verse weiter sind die Details der Hölle sogar recht plastisch beschrieben:

70. Diejenigen, welche das Buch und das, womit Wir Unsere Gesandten entsandten, leugnen, bald schon werden sie es erfahren, 71. wenn sie um ihren Nacken Ketten und Fesseln tragen und sie geschleift werden 72. in das siedende Wasser und dann in das Feuer geworfen werden.

All diese drastischen Ausdrücke von Folter, Feuer und Erniedrigung sind Bilder, deren Funktion es nicht etwa ist, eine realistische Beschreibung dessen zu geben, das geschehen wird. Sondern sie sollen, wie Sure 20 sagt, bei den Ungläubigen und auch den ungehorsamen Gläubigen Angst erwecken:

113. Und so haben Wir ihn als arabischen Koran hinabgesandt. Und Wir haben darin verschiedene Drohungen dargelegt, auf dass sie gottesfürchtig werden oder er ihnen eine Ermahnung bringe.

Dieser Vers ist ein Schlüssel auch zu den Schilderungen der Hölle, denn er enthüllt uns etwas ganz Anderes, Neues: Laut diesem Vers sind die Drohungen an anderen Stellen des Korans ein Mittel, dessen sich Gott bedient. Im Koran und insbesondere in den mekkanischen Offenbarungen spielen das Jüngste Gericht und Verweise auf mögliche Strafen im Jenseits eine wichtige Rolle. Und das ist nun die einzige Art und Weise, wie man Vers 20:113 verstehen kann: Gott will uns mit diesen anderen Versen Furcht einjagen.

Das Höllenfeuer ist also nicht nur als Metapher zu verstehen, sondern als ein Mittel, um die Menschen aufzurütteln – genau wie umgekehrt die Metaphern des Paradieses ein Mittel sind, um Menschen zu gewinnen und anzuspornen. Oft wird das Paradies als ein kühler, grüner Ort beschrieben, an dem es Nahrung in Hülle und Fülle gibt und bisweilen auch Gefährten, die manchmal unbestimmten Geschlechts und manchmal eindeutig weiblich sind.

Sure 3 adressiert explizit beide Geschlechter:

> 195. Und ihr Herr antwortet ihnen: „Siehe, Ich lasse keine Tat von euch verloren gehen, sei es von einem Mann oder einer Frau. Die einen von euch stammen ja von den anderen. Und diejenigen, die da auswanderten und aus ihren Häusern vertrieben wurden und auf Meinem Wege litten und kämpften und fielen – wahrlich, Ich will ihre Missetaten vergeben, und wahrlich, Ich will sie in Gärten führen, durcheilt von Bächen, als Lohn von Gott, und Gott – bei Ihm ist der schönste Lohn."

Wohingegen sich Sure 56 eher an die männlichen Zuhörer zu richten scheint:

> 27. Und die Gefährten zur Rechten – was ist mit den Gefährten zur Rechten? – 28. (weilen) unter dornenlosem Lotos 29. und gebüschelten Palmen 30. und in ausge-

dehntem Schatten 31. und an sprudelndem Wasser 32. und mit Früchten in Menge, 33. unerschöpflich und stets verfügbar, 34. und mit ihren erhabenen Gefährtinnen. 35. Siehe, Wir haben sie in herrlicher Schöpfung neu gestaltet 36. und sie zu Jungfrauen gemacht, 37. zu liebevollen Altersgenossinnen 38. für die Gefährten zur Rechten.

Aber die Freuden des jenseitigen Lebens bestehen ja nicht darin, dass man soundsoviel zu essen bekommt oder mit soundsoviel Frauen Sex haben wird. Sondern die wahre Freude besteht darin, dass man vor dem Antlitz Gottes steht, so wie der wahre Schmerz darin liegt, dass man der Nähe Gottes entzogen ist.

Was die anschaulichen Beschreibungen von Himmel und Paradies betrifft, die offenbar auf die Vorstellungswelt der Araber zu Mohammeds Zeiten zugeschnitten waren, machten die mittelalterlichen Philosophen und Theologen daher nicht bei der sinnlichen Bedeutung halt, sondern sagten: Die Aufzählungen von Speisen und Gärten und Frauen im Koran sind Beispiele, aber keine Beschreibungen derjenigen Freuden, die die Gläubigen im Jenseits erwarten. Was ihr gewinnen werdet, ist jenseits aller Vorstellungskraft. Ihr werdet etwas vorfinden, das eure Augen noch nie erblickt haben, was kein Mensch je gesehen hat.

Die zitierten Koranverse werfen aber nicht nur Fragen zum Jenseits, sondern auch zum Göttlichen selbst auf: Ist der Gott des Korans vor allem ein strafender Gott, und wie ernst haben wir dieses Bild vom Richter zu nehmen? Auch das ist, wie wir sehen werden, keine Frage, die erst mit der Moderne aufgetaucht ist, sondern bei der wir uns Unterstützung bei früheren islamischen Theologen holen können.

7. Die vielen Gesichter des Göttlichen

Dem Leser wird aufgefallen sein, dass ich vorzugsweise von dem Göttlichen spreche, statt von Gott oder Allah. Das hat seinen Grund darin, dass ich den Begriff etwas offener halten möchte; denn anders als „Gott" oder „Allah" ist das Göttliche eine Kategorie, die in jeder Religion, ja sogar im säkularen Raum vorkommt, auch wenn diese Kategorie je nach Kontext unterschiedliche Züge annimmt und unterschiedliche Namen trägt. Wenn ich mich dem Koran als Wissenschaftler nähere, spreche ich also vom Göttlichen, um eine gewisse Distanz für meine Analyse zu schaffen und unsere Überlegungen nicht von vornherein auf ein bestimmtes Gottesbild festzulegen. Das Göttliche fungiert hier sozusagen als ein neutraler Terminus.

Im Fall des Islam ist das Göttliche Allah. Das Wort Allah wird in nicht-arabischen Kontexten manchmal wie ein Name für den Gott des Korans verwendet, und in älteren Koranübersetzungen steht auch nicht Gott, sondern Allah. Das ist irreführend, weil Allah kein Eigenname ist, sondern schlicht das arabische Wort für Gott, etymologisch eine Zusammenziehung von *al-ilah* für „der (Eine) Gott". Auch arabische Christen und Juden sprechen daher von Gott als Allah.

In vorislamischen Zeiten war das allerdings anders. Vor dem Auftreten Mohammeds waren die Araber in ihrer allergrößten Mehrheit Polytheisten und beteten lokale Götter und Göttinnen an. Innerhalb dieser vielen Gottheiten kannten sie einen höchsten Gott *namens* Allah, vergleichbar ungefähr dem griechischen Zeus oder dem römischen Jupiter. Eine zentrale Botschaft des Islam ist bekanntlich, dass Allah aber nicht ein Gott unter mehreren ist, sondern dass es nur ihn, den Einen Gott gibt. Er zeichnet sich insbesondere dadurch aus, dass sich sein Wesen vom Menschen sprachlich *nicht* festlegen, dass er sich nicht vermenschlichen lässt. Ich habe im letzten Kapitel bereits die 112. Sure zitiert, die Gott als etwas Unvergleichliches, Abstraktes präsentiert:

> 1. Sprich: Er ist Gott, ein Einziger, 2. Gott, der Undurchdringliche. 3. Er hat nicht gezeugt, und Er ist nicht gezeugt worden, 4. und niemand ist Ihm ebenbürtig.

Andererseits haben wir gesehen, dass dieses Göttliche im Koran einmal körperliche und einmal unkörperliche Züge trägt – hier haben wir es also doch mit einem Anthropomorphismus, einer Vermenschlichung zu tun. Das betrifft nicht nur das koranische Bild von der Hand Gottes, sondern auch unsere Art der Kontaktaufnahme mit dem Göttlichen. Bei der *du'a*, beim Bittgebet, schauen wir instinktiv nach oben, wir blicken zu Gott „auf"; doch streng genommen gibt es für Gott kein Oben und Unten. Er schwebt nicht physisch „über" uns. Und obwohl wir das wissen, können wir nicht anders, als nach oben zu schauen. Wenn wir nun die bildliche Ebene verlassen und uns derjenigen der Glaubensinhalte zuwenden, könnten wir fragen: Was stimmt nun wirklich? Was lässt sich denn Konkretes über diesen einen, abstrakten Gott sagen?

Um es vorweg zu nehmen: Ich glaube, wir müssen uns gar nicht zwischen dem Konkreten und dem Abstrakten entscheiden. Meiner Meinung nach sind beispielsweise Körperlichkeit und Unkörperlichkeit wechselseitig aufeinander bezogen, beide gehören sogar zusammen. Denn wenn man ausschließlich an einen absolut unkörperlichen Gott glaubt, bleibt dieser sehr abstrakt. Etwas absolut Abstraktes kann man nicht lieben, man kann mit ihm nicht sprechen. Doch der Mensch braucht für seine Glaubenspraxis etwas, das er sich vorstellen kann, und daher kommt im Koran beides vor. Der Koran richtet sich an beide menschliche Vermögen: an die Vorstellungskraft und an das abstrakte Denken. Und zwar tut er das, ohne eine Hierarchie zwischen beidem aufzumachen, und ohne jeden Widerspruch. Die Vielstimmigkeit des Korans bleibt auch auf diesem Gebiet, der Rede von Gott selbst, bestehen.

Wenn wir über das Göttliche sprechen, werden wir daher immer wieder auf das eine oder andere Paradox stoßen: auf zwei unterschiedliche, einander vermeintlich widersprechende Haltungen, für die es gleichermaßen Hinweise im Koran oder sonstige vernünftige Gründe gibt, die einander aber ergänzen. Nehmen wir ein Beispiel, das Gläubige aller Zeiten immer wieder bewegt hat, weil es für unser Verhältnis zu Gott so zentral ist: die Spannung zwischen Gott als dem Mächtigen und als dem Erbarmer. Denken wir an Mohammeds erste Botschaft an sein Volk, die eine Warnung war: Wenn die Quraisch sich nicht bekehrten und vom Götzendienst abließen, würde am Tag des Jüngsten Gerichts eine schwere Strafe über sie kommen. Die Vorstellung, dass wir für Vergehen im Diesseits am Tage der Auferstehung von Gott zur Rechenschaft gezogen werden, ist ein zentraler Glaubensinhalt, natürlich nicht nur des Islam, sondern auch des Judentums und Christentums.

In welcher Beziehung steht nun dieses Bild des mächtigen Gottes zu dem des barmherzigen, der zu Beginn fast jeder Sure angerufen wird? Schon vor Jahrhunderten hat das Bild vom strafenden Gott die Gläubigen beschäftigt und auch irritiert. Die Vorstellung, dass Gott das Strafen liebt oder geradezu Gefallen daran finden könnte, Menschen ins Höllenfeuer zu stoßen, ist immer wieder abgeschwächt worden – nicht nur von der islamischen Philosophie, sondern auch von der islamischen Rechtsprechung. Es ist ganz auffällig, wie sehr sich die Juristen des klassischen Islam bemühten, die vom Koran benannten Körperstrafen auf sehr wenige Fälle einzuschränken. Der Verhängung solcher Strafen gingen so hohe Auflagen voraus, dass sie den Anwendungsfall selten, ja beinahe unmöglich machten. Man hatte also bereits zu dieser Zeit verstanden: Der Koran ist kein Lehrbuch des Strafens, und dem Göttlichen geht es nicht ums Strafen.

Wenn wir in Gott nur den Barmherzigen sehen wollen, reduzieren wir das Göttliche auf nur eine Dimension. Wenn man hingegen das Göttliche auf den strafenden Gott, den rächenden Gott reduzierte, müssten wir in Angst leben. Hier kommt das überaus wichtige Konzept *taqwa* ins Spiel, das wörtlich übersetzt soviel wie „Gottesfurcht" bedeutet; aber auch diese Gottes„furcht" hat zwei Seiten. *Taqwa* bezeichnet nicht die Angst allein, sondern ist eine Antwort auf die Frage, wie man sich vor dieser mächtigen Dimension des Göttlichen schützen kann. Es ist ein Konzept, das dem Gläubigen einen Weg weist, wie er Distanz zwischen sich und den strafenden Gott bringen und dem liebenden, verzeihenden Gott näher kommen kann. *Taqwa* bezeichnet das Bemühen, sich davor zu schützen, etwas Falsches zu tun und sich so die Strafe Gottes zuzuziehen; wenn wir uns selbst davor schützen, Unrecht zu tun, schützen wir uns auch vor dem Zorn Gottes.

Hier kommen die ethische und die spirituelle Dimension zusammen: Bei *taqwa* geht es um ethische Verantwortung und soziale Verantwortung, um unsere Verantwortung als Menschen im allgemeinen und um die besondere Verantwortung, die uns innerhalb einer bestimmten sozialen Rolle obliegt. Ich beispielsweise besitze eine Verantwortung als Lehrer, und wenn ich mich bemühe, ein guter Lehrer zu sein, praktiziere ich *taqwa*: Ich versuche zu vermeiden, ein schlechter Lehrer zu sein. Wenn ich mich als Wissenschaftler betätige und mich dabei um Sorgfalt bei meinen Forschungen bemühe, so praktiziere ich *taqwa*: Ich versuche, Fehler bei meiner Forschung zu vermeiden. Dieser Reichtum, also das Zusammenfließen der Impulse Gottesfurcht, Bemühen um Schutz und Verantwortung, kennzeichnet das vielschichtige koranische Konzept der *taqwa*.

Und ebenso finden wir, wenn wir im Koran einmal dem mächtigen, strafenden Gott begegnen und dann wieder dem liebenden, barmherzigen, einen Reichtum, der sich nicht in der These eines Entweder-Oder festhalten lässt. Wir könnten vielmehr sagen: Das Göttliche hat viele Gesichter, im Koran wie in jeder religiösen Tradition. Das Gesicht des Mächtigen, des Strengen, Strafenden ist das Gesicht, das sich dem Ungläubigen oder dem Frevler zuwendet. Das Gesicht der Barmherzigkeit, Vergebung und Liebe ist das für den Gläubigen. Doch beide Gesichter, beide Dimensionen gehören zusammen.

Noch einen Schritt weiter gingen die Sufis, die islamischen Mystiker, die meinten, dass die Attribute, mit denen von Gott gesprochen wird, verschiedenen Kategorien angehören. Einmal zeige uns der Koran Gottes mächtige Seite, an anderer Stelle die schöne. Dies seien zwei verschiedene Kategorien, von denen beide ihre Berechtigung und ihre Notwendigkeit hätten. Doch mit dieser Einsicht gaben sich die Sufis nicht zufrieden, sie fragten weiter: Welches von beidem war nun das Essenzielle und was das nur Zusätzliche, Zweitrangige? Mit dieser Frage zielten die Sufis nicht auf eine abschließende Antwort; vielmehr wollten sie eine essenzielle Eigenschaft herausstellen, die den Gläubigen dazu befähigen würde, mit Gott in eine Beziehung der Liebe zu treten.

Und so meinten die Sufis, das Essenzielle sei die Barmherzigkeit. Das gesamte Universum, der ganze Kosmos sei aus Barmherzigkeit entstanden, und so solle es auch in dieser

Barmherzigkeit enden. Es könne schon sein, räumten die Sufis ein, dass es Strafen gebe, um die Menschen zu läutern – aber am Ende stehe doch wieder der gnädige, nicht der strafende Gott. Schönheit und Barmherzigkeit stellen Macht und Strafe in den Schatten – so hat es Ibn Arabi gesehen, und andere Sufis sahen es ähnlich.

Neben dem strafenden und dem barmherzigen Gott begegnen wir im Koran noch vielen weiteren Attributen Gottes, mit denen sich ähnliche Probleme stellen. Die siebte Sure enthält den berühmten Vers:

> 180. Und Gott gehören die schönsten Namen. Darum ruft Ihn damit an und verlasst jene, welche Seine Namen missbrauchen …

In der Tradition ist statt von den „schönsten Namen" oft von den „99 Namen Gottes" die Rede, weil diese Zahl in der Hadith-Sammlung al-Bucharis genannt wird. Viele dieser 99 oder schönsten Namen sind nun von Eigenschaften abgeleitet, die Menschliches und Göttliches gemeinsam haben. Selbst wenn es heißt, dass Gott der Allmächtige und Allwissende ist, schlagen wir eine Brücke von unserer menschlichen Vorstellungswelt zum Göttlichem. Natürlich besitzen wir Menschen nicht über alles Macht, und wir wissen nicht alles – doch Macht und Wissen kommen im menschlichen Kontext vor.

Und wieder kommen wir in Schwierigkeiten, wenn wir versuchen, Gott mit solchen Namen auf bestimmte Attribute festzulegen. Ich vertrete hier eine Auffassung, die oft „negative Theologie" genannt wird und ebenfalls auf Ibn Arabi zurückgeht, dass man nämlich sagt: Gott ist weder das eine noch das andere. Alle Versuche, Gottes Eigenschaften positiv bestimmen zu wollen, müssen scheitern. Denn immer, wenn man versucht, Gott mit festgelegten Ausdrücken zu beschreiben, befindet man sich innerhalb der Sprache, und mit der Sprache innerhalb der Grenzen unserer Kultur und einer eingeschränkten Vorstellungswelt.

Wir stoßen hier also letztlich an die Grenzen der Sprache, denn sobald wir versuchen, über das Göttliche zu sprechen, stammen die Worte aus unserem eigenen, menschlichen Kontext. Die islamische Theologie hat sich lange mit diesen Fragen beschäftigt, ohne zu einer wirklich zufriedenstellenden Lösung zu kommen. Denn wie sonst sollen wir über das Göttliche reden, wenn nicht in unserer menschlichen Sprache?

Das Problem beginnt ja bereits mit dem Personalpronomen, mit dem wir über das Göttliche sprechen – meist lautet es „Er". Zwangsläufig verwenden wir eine geschlechterdifferenzierte Sprache, als ob Gott einem bestimmten Geschlecht zugehört. Dabei ist es nur unsere Sprache, die es so erscheinen lässt. Wir merken es erst, wenn wir es uns einmal bewusst machen: Gott lässt sich nicht zutreffend als ein Er bezeichnen, genauso wenig wie als eine Sie oder ein Es. Wir versuchen hier, etwas viel Komplexeres mit unserer Sprache zu erfassen, und alle Begriffe bleiben notwendig ungenügend. Und wieder gelangen wir zu der Einsicht: Wir brauchen beide unserer Vermögen, die Vorstellungskraft und das rationale Denken.

Die Sufis verstanden es so, dass wir Gott zwar nicht mit dem Verstand erfassen, dafür aber mit unserer Vorstellungskraft erblicken könnten; sie sahen die menschliche Vorstellungskraft geradezu als das Vermögen an, das uns befähigen sollte, uns Gott vorzustellen. Denn in der Vorstellung ist man nicht eingeschränkt auf die Kategorien, die uns der Intellekt auferlegt, wie Raum, Zeit, Kausalität, Endlichkeit. Und für den Gläubigen ist es wichtig, dass er Gott sehen, ihn sich vorstellen und mit ihm kommunizieren kann.

In der Geschichte der islamischen Theologie war es allerdings meistens so, dass man entweder der einen oder der anderen Seite zugehörte: Entweder war man Rationalist oder Anthropomorphist. Der <u>Anthropomorphismus</u> wurde in der *Vermenschlichung* klassischen Theologie wenig beachtet, sondern geringer geschätzt als das Rationale. Aber das ist ein Irrtum, beide Denkbewegungen sind gleichwertig, sie korrespondieren einfach mit zwei verschiedenen menschlichen Fähigkeiten.

Auf etwas Abstraktes allein kann man seine Hoffnungen nicht richten. Manchmal sind wir auch auf Gott wütend – auf etwas Abstraktes aber kann man nicht wütend sein. Dass all solche Erfahrungen in der Rede von Gott ihren Platz haben, das macht den Reichtum der religiösen Sprache aus. Wenn man das philosophisch auseinander nehmen und auf Widerspruchsfreiheit hin gerade bürsten will, beraubt man diese Sprache eines ganz wichtigen Aspekts. Auch wenn man versucht, alles nur wörtlich zu verstehen, reduziert man sie auf etwas. Wir müssen die koranische Sprache hier in ihrer ganzen Fülle nehmen, weil sie beides, das Anschauliche und das Abstrakte, kombiniert.

Ich habe die Wut erwähnt, denn, ja: Zuweilen ärgern wir uns über Gott. Manche geben das nur ungern zu, aber ich glaube, es kommt einfach hin und wieder vor. Ärger ist ein menschliches Gefühl. Genau genommen kann es auch nur darum vorkommen, weil wir uns ihm so nahe fühlen, dass wir eine starke Verbindung zu ihm spüren. Über jemanden, der uns egal ist, können wir nicht wütend werden; auf diese Weise ärgern wir uns nur über Leute, die wir lieben.

All diese Fragen führen zu einem Konzept, das in meinen Augen ganz wesentlich ist: Dass Glauben etwas Relationales ist, eine Form der Beziehung darstellt. Und an dieser Beziehung sind beide Seiten beteiligt. Die Frage, „wie Gott genau ist", lässt sich nicht in Dogmen diskutieren; Dogmen versuchen, uns zu verschließen. Dogmatismus strebt nach Kontrolle. Aber im Glauben ist es wie in der Liebe: Wenn einer von beiden den anderen vollständig kontrollieren will, bricht die Beziehung in sich zusammen. In der Dogmatik versucht man die Sache zu reglementieren, zu zementieren. Doch die religiöse Erfahrung greift weit darüber hinaus, wir stoßen an die Grenzen der Sprache, wenn wir versuchen davon zu reden.

Um uns davon zu überzeugen, müssen wir uns nur die koranischen Erzählungen selbst ansehen, ihren Reichtum, ihre Vielstimmigkeit. Wenn man hier einfachen Dogmen eine Absage erteilt, führt das nicht zum Ende des Glaubens, sondern einfach zu einem besseren Verständnis. Ich denke, dass sich unser jeweiliges Bild von Gott dem anpassen wird, wie wir ihn persönlich erfahren. Das hört sich etwas paradox an für jemanden, der es gewöhnt ist, unter Glauben vor allem den Glauben an Dogmen zu verstehen; aber wenn man Glauben als etwas Relationales, als eine Beziehung auffasst, kommt man an dieser Wechselseitigkeit gar nicht vorbei.

Nehmen wir uns als letztes „Paradox" daher die Frage vor, ob wir uns unter dem Gegenüber dieser Beziehung eher einen personalen oder nicht vielmehr einen nichtpersonalen Gott vorstellen sollten. In der normalen religiösen Praxis sprechen wir ja oft über Gott, als sei er „jemand" Bestimmtes, der auf einem Thron sitzt und von uns verlangt, dies oder jenes zu tun. Aber die koranische Sprache ist auch hier nicht auf eine Dimension festgelegt, und natürlich wissen wir, dass es sich bei der Rede vom Thron, vom Herrscher und vom Richter wieder um Metaphern handelt.

Hierin liegt also das Paradox: Wenn der Gläubige betet, betet er zu einem konkreten Gegenüber, das er sich vorstellen muss; und gleichzeitig weiß er, dass Gott keineswegs so ist, wie er ihn sich vorstellt. Paradox meint auch hier keinen Widerspruch, den man lösen muss, sondern eine Doppeldeutigkeit, die ein Potenzial birgt, ein Rätsel, das wir nicht lösen können, sondern das uns in Bewegung hält, immer wieder über bestimmte Vorstellungen hinauszugehen. Solche Rätsel machen das menschliche Leben aus; wenn wir in einem fest definierten Raum lebten, in dem alles klar vorgezeichnet ist, wären wir Roboter. Der Fundamentalismus hätte es gern so: Wir wären wie Roboter. Alle Fragen wären beantwortet.

Doch das menschliche Leben und unsere Aufgaben als Menschen in dieser Welt sehen ganz anders aus, und die Tradition weiß davon und bietet Wege an, damit umzugehen. Dem Propheten Mohammed wird der Ausspruch zugeschrieben: Stellt euch Gott so vor, wie ihr in der Lage seid, ihn zu sehen. Oder: Diene Gott so, als ob du ihn sehen könntest; denn auch wenn du ihn nicht siehst, sieht er dich.

Der abstrakte, unvorstellbare Gott nämlich – so bedeutend dieses Konzept theologisch auch sein mag – ist für den Gläubigen letztlich ohne Belang. Und wie der normale Gläubige dem Göttlichen begegnen kann, das ist es, was letztlich zählt; denn Religion ist ja nicht vornehmlich eine Angelegenheit der Theologen und Philosophen, sondern von jedermann. Daher bietet uns der Koran neben dem Hinweis, dass Gott der Einzige, Unvergleichliche ist, eben diese Fülle von Bildern an, diese vielen Gesichter eines Göttlichen, mit dem man sprechen kann und das zu uns spricht und das Eigenschaften hat, die eine Kommunikation möglich machen.

Diese Kommunikation des Göttlichen mit uns Menschen kann, ich habe die entsprechenden Aussagen des Korans bereits angesprochen, drei Formen annehmen: durch *wahy*, Inspiration, oder von hinter einem Vorhang, oder durch einen Vermittler, der sich dann wiederum der Inspiration bedient.

Im fünften Kapitel habe ich dafür plädiert, Inspiration als den Kommunikationskanal anzusehen, auf dem der Koran geoffenbart wurde. Aber genauso bin ich davon überzeugt, dass wir normalen Gläubigen Zugang zu solcher Kommunikation haben. Wir bekommen natürlich keine neue Botschaft, die wir anderen mitteilen sollen. Aber auch wir können inspiriert werden, so wie Gott auch die Mutter von Moses inspiriert hat oder wie Er Tiere inspiriert etc. In unseren religiösen Erfahrungen fühlen wir etwas, wir fühlen eine Inspiration.

Der Kanal der Kommunikation zwischen dem Göttlichen und dem Menschlichen ist nicht geschlossen; was abgeschlossen ist, ist nur die Reihe der Gesandten Gottes. Mohammed war der letzte Gesandte; aber die Kommunikation geht weiter. Und auch wenn wir uns einerseits davor hüten sollen, Gott völlig zu personifizieren, brauchen wir andererseits einen personalen Gott, dem wir uns nahe fühlen können. Das ist das Moment der Nähe, das in der ersten Offenbarung angeklungen ist: *Dein* Herr! Für die religiöse Erfahrung ist solche Nähe notwendig, damit wir das Göttliche zwar nicht erfassen, aber doch zumindest mit ihm in Berührung kommen können. Um diese Erfahrung geht es der Religion, nicht um Theologie oder Philosophie. Das ist die Erfahrung, die Mohammed gemacht hat.

Und ich denke, dass jeder Muslim die Chance erhalten sollte, dass er zumindest in der Lage sein sollte, dieselbe Erfahrung zu machen. Eine Erfahrung, die uns öffnet und weiter macht, statt uns einzuengen. Denn wenn wir nicht versuchen, uns Gott nur als entweder so oder so vorzustellen, betreten wir einen offenen Raum, einen Raum voller Möglichkeiten. Und wenn der Gläubige diesen Raum betritt, ist er nicht in der Lage, etwas oder jemanden davon auszuschließen. Er ist bereit zu akzeptieren, anzunehmen, zu verstehen – auch andere Menschen, andere Formen des Glaubens. Diese Form tiefen Glaubens führt zu einer Form von tiefer Toleranz.

Ich habe das Kapitel mit dem Hinweis auf das Göttliche als allgemeine Kategorie begonnen und kurz angerissen, wie der Eine Gott des Islam an die Stelle des früheren arabischen Polytheismus trat. Wenn wir nun von der Frage, wie sich der Gläubige Gott vorstellen kann, wieder in eine distanziertere wissenschaftliche Perspektive wechseln, können wir fragen: Und was wurde nun aus den vielen Göttern der vorislamischen Zeit? Verschwanden sie ein für allemal aus der Vorstellungswelt der Menschen?

Im Lichte dessen, was wir über die Notwendigkeit konkreter Vorstellungen gesagt haben, kann man nun beobachten: Wir finden einen Nachhall dieser vielen Götter in den Engeln oder auch in Gottes Attributen. Sie erfüllen die Funktionen, die einst den verschiedenen Göttern zugeschrieben wurden. Ein polytheistischer Götterhimmel wie der der Griechen kennt für jede Aufgabe einen eigenen Gott, über deren Gesamtheit ein höchster Gott thront. Der vorislamische arabische Polytheismus sah ähnlich aus, indem jeder Stamm seinen eigenen Gott oder seine Göttin hatte, mit dem höchsten Gott namens Allah.

Im Islam wird dieser Vorstellung zwar eine Absage erteilt, hier gibt es keine Gottheiten neben Allah. Gleichzeitig aber hat Gott auch im Islam weitere Kräfte unter sich, in Form der Engel beispielsweise; und Gott werden Namen und Attribute zugeschrieben. Manche Theologen sagen, dass wir uns, sobald wir Gott bestimmte Attribute zuschreiben, wieder im Polytheismus befinden. Und in gewisser Weise, in analytischer Hinsicht, stimmt das auch. Auch im Monotheismus kehrt so eine Vielzahl von Namen und Dimensionen wieder – und wieder aus demselben Grund, dass man einfach nicht an einen abstrakten Gott glauben kann. Der abstrakte Gott ist ein Konzept, aber der Gott der Religion ist kein Konzept, sondern eine existenzielle Realität. Die reine Abstraktion führt ins Nichts; und in der Tat sagen ja auch einige Philosophen: Das absolute Göttliche ist das Nichts. Damit benennen sie zwar ein philosophisches Dilemma, aber nichts, wovon der Glaube der Menschen leben kann. Daher präsentiert uns der Koran die Fülle, statt die reine Leere. Mit allem Konkreten, das er über Gott sagt, gibt er den Gläubigen etwas an die Hand, nach dem und an das sie sich richten können.

Wiederum aus einer eher historischen und analytischen Perspektive kann man auch fragen, warum es diese Hinwendung zum Monotheismus gegeben hat. Am Entstehen des Christentums kann man es besonders deutlich machen. Denn bereits einige Jahrhunderte vor seinem Entstehen erwuchs hier und da der Wunsch, die ganze damals bekannte Welt unter einer Herrschaft zu vereinen. Denken wir nur an Alexander den Großen oder auch an die persischen Herrscher, die denselben Traum träumten von einem, der alle anderen besiegen und die ganze Welt zu einem Reich zusammenfassen sollte.

Es war eine Idee, die vor dem Monotheismus aufkam: eine politische Idee, aber auch eine kulturelle, eine geradezu humanistische Idee. Und der Monotheismus lieferte eine Ideologie für diesen Anspruch. Darum wich das Christentum von Anfang an von der jüdischen Idee eines erwählten Volkes ab und richtete sich potenziell an die ganze Menschheit, gerade auch an die Nichtjuden. Die Apostel zogen aus, nicht um die Juden zu bekehren, weil das nicht nötig war, sondern um die Heiden zu bekehren. Warum hat Konstantin der Große das Christentum zur Staatsreligion gemacht, sogar noch bevor er selbst diesen Glauben angenommen hatte? Weil er darin ein Instrument fand, seinen Traum eines Weltreiches zu untermauern.

Aus heutiger Sicht betrachten wir diesen Versuch, ein Imperium aufzubauen, natürlich mit einiger Skepsis. Aber man muss auch das Potenzial sehen: Der Idee nach bringt der Monotheismus die Menschen zusammen. Wenn alle Menschen einen gemeinsamen Gott haben, werden die Grenzen zwischen Menschen aufgehoben; und gerade der Islam hat eine deutliche Erinnerung daran, wie sehr die Vielzahl von Stammesgöttern Unfrieden zwischen den einzelnen Stämmen gefördert hat. Die Theologie, die sich auf einen anderen, bestimmten Aspekt der Beziehung zum Göttlichen konzentriert, würde den Monotheismus natürlich nicht so erklären. Aber wenn man es aus wissenschaftlicher Sicht betrachtet und soziologische und historische Überlegungen zusammenzieht, kann man mit gutem Recht sagen: Es gibt im Monotheismus ein politisches und kulturelles Element, das diesem Bedürfnis nach einer Einigung entgegenkommt.

Dieser Drang zu einer Einheit oder Vereinheitlichung ist uns heute ja auch nicht fremd. Alle Welt spricht von Globalisierung. Und was ist das – ist das Monotheismus? Die Globalisierung macht den Markt zum Einen Gott, der die gesamte Welt regiert, und zwar nur nach den Vorgaben der Macht, nicht der Barmherzigkeit. Der Monotheismus des Marktes kennt kein Mitleid, kein Gefühl, keine Anteilnahme; und das ist es, wogegen die Menschen demonstrieren. Religiöser Monotheismus ist viel besser, denn er kennt beides: Er kennt die Barmherzigkeit, nicht nur die Macht. Denn woher kommt das Ideal des Mitleids, der Anteilnahme? – Aus der Religion.

Woraus man natürlich nicht umgekehrt schließen darf, dass Mitleid nur bei religiösen Menschen vorkomme. Aber der Monotheismus gibt eine befriedigendere Antwort auf die vielfältigen Bedürfnisse der Menschen als der reine Markt, und er berücksichtigt die vielfältigen Dimensionen menschlichen Lebens. Der Monotheismus spricht vom Leben nach dem Tode und dem Himmelreich. Solange wir kein Himmelreich auf Erden errichten können, brauchen wir Träume. Träume sind nicht notwendig etwas, das der Realität entgegengesetzt ist. Solche Träume halten uns nicht davon ab, hier auf Erden unser Bestes zu geben, sondern ermutigen uns, das zu versuchen, was in unseren Kräften steht.

Die Zukunft ist das Ergebnis unserer Träume, und mehr als alles andere bewegt uns Menschen der Traum von Gerechtigkeit. So herrscht auch in allen Vorstellungen vom Leben nach dem Tod, ob Himmel und Hölle oder Reinkarnation, die Idee der Gerechtigkeit. Darum verbinden wir das Göttliche mit dem Konzept von Belohnen und Strafen und sehen im Jenseits unseren menschlichen Traum verwirklicht, in einer gerechten Welt zu leben, in der wir alle einander als Gleiche begegnen.

8. Die Schöpfung und ihre Zeichen

Hat sich die Diskussion des vorhergehenden Kapitels zwischen den Polen des Göttlichen und des Menschlichen bewegt, so soll sich unsere Aufmerksamkeit hier auf die Dimension zwischen den Polen des Göttlichen und des Kosmischen verlagern; die religiöse Terminologie spricht hier von „Schöpfung". Wir werden also zu untersuchen haben, was Schöpfung gemäß dem Koran bedeutet. Was ist insbesondere damit gemeint, wenn uns der Koran das Universum als eine Reihe von beobachtbaren und interpretierbaren Zeichen darstellt? Drittens wird uns die Frage beschäftigen, welche Konsequenzen dieses Verständnis von Schöpfung wiederum für die Beziehung zwischen Göttlichem und Menschlichem besitzt.

Derselbe Stellenwert, den die Attribute des Erbarmers und des Weltenherrn besitzen, kommt Gott im Koran auch als Schöpfer zu: als Schöpfer der Himmel und der Erde, wie es oft heißt, als Schöpfer „aller Dinge", der Menschen und überhaupt jedes Wesens, das auf Erden lebt. Allerdings ist, wenn im Koran von der Schöpfung die Rede ist, streng genommen nicht gemeint, dass die Welt aus dem Nichts geschaffen wurde. Oft wird dieser Prozess als ein Formen des Menschen aus unbelebter Substanz beschrieben; es gab sozusagen ein Ausgangsmaterial. In Sure 15 heißt es beispielsweise:

28. Und als dein Herr zu den Engeln sprach: „Seht, Ich erschaffe einen Menschen aus trockenem Lehm, aus formbarem Schlamm. 29. Und wenn Ich ihn gebildet

und ihm von Meinem Geist eingehaucht habe, dann werft euch vor ihm nieder!"

An anderen Stellen ist von Ton die Rede oder davon, wie Gott einer schlammigen Masse einen wässrigen Tropfen, also Samen, eingepflanzt und zum Wachsen gebracht hat. Zwar heißt es in Sure 19:

> 67. Bedenkt der Mensch denn nicht, dass Wir ihn zuvor erschaffen haben, da er nichts war?

Ähnlich im neunten Vers derselben Sure; doch beides heißt nicht, dass wir aus dem Nichts erschaffen wurden, sondern dass wir vorher nicht existierten als Menschen, Individuen oder abgeschlossene Entitäten. Auch Stellen wie beispielsweise in der zweiten Sure

> 117. Er ist der Schöpfer der Himmel und der Erde. Wenn Er eine Sache beschlossen hat, sagt Er zu ihr nur: Sei!, und sie ist

stehen dazu nicht im Widerspruch. In diesem Vers und ähnlich in 3:47, 6:73, 16:40, 40:68 geht es darum, Gottes Willen und seine Macht hervorzuheben; doch die Vorstellung einer Schöpfung aus dem Nichts wird von solchen Stellen und generell vom Koran nicht unterstützt. Die Schöpfung, von der der Koran uns erzählt, ist vielmehr ein Prozess, und das arabische Wort für den Schöpfungsakt, *chalq*, hat die Bedeutung von formen oder gestalten. Es ist ein religiöser Ausdruck dafür, dass ein Künstler hinter sämtlichen physischen Erscheinungsformen steht. Das ganze Universum wird uns im Koran als Kunstwerk gezeigt; etwas, das man genau betrachten soll, das man verstehen soll, nach dessen tieferer Bedeutung man suchen soll, weil dieses Kunstwerk etwas anzeigt, das dahinter steht.

Das ist die auch Bedeutung der Zeichen (im Plural *ayat*, Singular *aya*), die immer wieder im Koran erwähnt werden, und die von „verständigen" oder „gläubigen" Menschen beobachtet und interpretiert werden sollen, wie beispielsweise in Sure 6:

> 96. Anbrechen lässt Er den Morgen, und die Nacht hat Er zur Ruhe bestimmt und Sonne und Mond zur Berechnung (der Zeit). Das ist die planmäßige Ordnung des Mächtigen, des Wissenden. 97. Und Er ist es, der für euch die Sterne gemacht hat, damit ihr von ihnen mitten in der Finsternis zu Land und auf dem Meer geleitet werdet. Und so haben Wir die Zeichen nunmehr deutlich erklärt, für Leute, die verständig sind. 98. Und Er ist es, der euch aus einem einzigen Wesen entstehen ließ. Und (Er gab euch) einen Rastplatz und eine Lagerstätte. Somit haben Wir nun die Zeichen für einsichtige Leute erklärt. 99. Und Er ist es, der vom Himmel Wasser herabsendet. Wir bringen dadurch die Keime aller Dinge heraus, und aus ihnen bringen Wir Grünes hervor, aus dem Wir dichtgeschichtetes Korn sprießen lassen, und aus den Palmen, aus ihrer Blütenscheide, niederhängende Fruchtbüschel; und Gärten mit Reben und Oliven und Granatäpfeln, einander ähnlich und unähnlich. Beobachtet ihre Frucht, wenn sie sich bildet und reift. Siehe, darin sind wahrlich Zeichen für gläubige Leute.

Sämtliche Dinge und natürliche Vorgänge haben demnach eine Bedeutung; sie zeigen die Kunstfertigkeit dessen an, der sie formte, sie stehen in direktem Bezug zu einer Macht dahinter. Das ganze Universum ist ein einziges, vielgestaltiges Zeichen für seinen Schöpfer.

Diese Einsicht aber führt uns zu der nächsten Frage: Warum wird uns das Universum so präsentiert? Auf gewisse Weise will der Koran den menschlichen Intellekt offenbar dazu auffordern nachzudenken, hinzusehen, zu reflektieren und zu urteilen. Manchmal bedient er sich dabei sogar eines etwas aggressiven Tonfalls, fragt zum Beispiel in Sure 14:

> 19. Siehst du denn nicht, dass Gott die Himmel und die Erde in Wahrheit erschaffen hat? Wenn Er will, lässt Er euch fortgehen und bringt eine neue Schöpfung hervor. 20. Dies fällt Gott sicher nicht schwer.

Ähnlich argumentiert der Koran in 22:18, 63, 65; 24:41–43; 25:45; 31:29–31; 35:27; 39:21; 89:6; 105:1. An anderen Stellen (7:179; 25:44) fragt er: Habt ihr keine Augen zu sehen, keine Herzen zu verstehen, keine Ohren zu hören? Alle Sinne und menschlichen Reflexionsvermögen werden angesprochen mit der Aufforderung, das Universum genau zu betrachten und den Schöpfer hinter all dem zu erkennen.

Es handelt sich also um eine Argumentation in zwei Schritten. Zunächst einmal präsentiert uns der Koran das Universum als eine Art Beweis. Aber dieser Beweis kann seine Funktion nur erfüllen, wenn der Mensch ihn erkennt und vor allem über ihn nachdenkt.

Die Grundlage dieses Appells, aber auch das absolut Neue daran sind am besten zu verstehen, wenn man sich vergegenwärtigt, an wen er gerichtet ist: an eine vorindustrielle Stammesgesellschaft in der Wüste. Menschen, die in der Wüste leben, sich in ihr fortbewegen und Handel treiben, können und müssen die Zeichen ihrer natürlichen Umwelt deuten. Sie haben gar keine andere Möglichkeit zu überleben. Ob ein Sandsturm aufkommt, wohin die Fährten der Tiere führen – die Kenntnis solcher Zeichen und die Orientierung daran war für die Bewohner der arabischen Halbinsel sehr wichtig. Wenn man sich nur richtig umsah, konnte man das Wetter vorhersagen; anhand des Sonnenstands oder der Sterne konnte man die Richtung bestimmen; und der Koran baut auf dieser Art des Zeichenlesens auf, er macht es sich zunutze.

Von nun an aber sollen die Zeichen laut dem Koran nicht rein pragmatisch, sondern auch transzendental interpretiert werden. Der Koran will die Menschen zum Denken anregen, er verlangt es geradezu; und das verstößt im Grunde gegen den bisherigen Stammescode, denn der erlaubte dem Individuum nicht zu denken, sondern verlangte Gehorsam. Hier, im Koran, aber heißt es plötzlich: Betrachte die Zeichen, und dann denke nach. Du musst nachdenken, und du kannst nachdenken!

Dieser Aufruf an die Menschen des damaligen Arabien, sich über die unmittelbare praktische Notwendigkeit hinaus mit ihrer Umgebung und deren Signifikanz denkend zu beschäftigen, ist in meinen Augen übrigens die Voraussetzung dafür gewesen, dass die Muslime später Philosophie betreiben und die Naturwissenschaften zu einer frühen Blüte bringen konnten. Auf jeden Fall weist der Koran seinen Zuhörern und Lesern auf eine sehr direkte und gleichzeitig geheimnisvolle Art eine neue Form der Betrachtung der Natur: Natur dient nicht nur dazu, die Bedürfnisse zu befriedigen, sondern besitzt auch ein noch subtileres Potenzial, das man auf den ersten Blick nicht sehen kann, weil man bisher in sein pragmatisches Denken und Handeln verstrickt war.

Und noch ein weiterer wichtiger Aspekt ist hier zu erwähnen: Auch die Verse des Korans werden *ayat* (Zeichen) genannt. Das ist dasselbe Vokabular, das auch für die erwähnten physikalischen Zeichen wie Sterne, Palmen und Vieh verwendet wird. Nicht nur sind alle Dinge des Universums Zeichen, sondern auch der Koran ist aus *ayat* zusammengesetzt. Dadurch schafft die koranische Sprache eine Verbindung zwischen natürlichen und linguistischen Phänomenen. Das eine, der Koran, ist das Wort Gottes in der Sprache, und das andere, der Lauf der Sterne, das Keimen der Pflanzen etc., ist das Wort Gottes in Gestalt der Natur.

Indem er auf die transzendentale Bedeutung natürlicher Zeichen hinwies, transformierte der Koran die arabische Sprache aus einem rein kommunikativen in ein semiotisches System. Dies geschah, indem das Pragmatische durch das Transzendentale ersetzt wurde. Die Sprache bezeichnet von nun an nicht allein das Reelle und unmittelbar Gegebene, sondern vielmehr das Metaphysische und Übernatürliche. Das Wort *sama* für Himmel beispielsweise bedeutet nicht mehr nur den Sternenhimmel im physischen, sondern eine höhere kosmologische Realität im übertragenen Sinn. Diese Bedeutung hat das Wort auch im heutigen Arabisch; durch die koranische Verwendung hat der Begriff also seine symbolische Bedeutung erhalten.

Dieser grundlegende Vorgang ist immer wieder zu beobachten und eigentlich auch nicht überraschend: Ein religiöser Text will ja gerade etwas zeigen, das hinter dem Gewöhnlichen steht. Und der Koran hatte die Araber auf diese Bedeutungsverschiebung bereits vorbereitet, indem er ihnen androhte, wenn sie Mohammeds Aufforderung nicht folgten, würde die Welt zerstört werden. Die Sonne und der Mond würden sich verdunkeln, die Sterne würden herabfallen und die Meere begännen zu kochen. Das war das vorherrschende Thema der frühesten mekkanischen Offenbarungen wie in den Suren 56, 75, 81 und 82.

Dies war die erste Botschaft, eine Warnung an die Gemeinschaft. Man kann nachvollziehen, welchen Schock es für die damaligen Araber bedeutet haben muss, dass ihnen ihre wesentlichen Koordinaten Sonne und Mond plötzlich entzogen werden sollten. Das würde heute ungefähr einem Zusammenbruch der Kommunikationssysteme und der Elektrizität entsprechen. Wir verlassen uns so vollständig auf sie – wenn sie einmal kurz ausfielen, oder wenn sie gar ganz wegfielen, fühlten wir uns völlig verloren. Ebenso weiß der Koran darum, wie wichtig die natürliche Umwelt für den Alltag und die Orientierung der Araber war, und so verwendet er genau diese Elemente, um ihre bisherige Welt auf den Kopf zu stellen. Anstatt das Universum aber tatsächlich zu zerstören, wie es in den apokalyptischen Bildern angedroht wird, macht der Koran aus dem gesamten Kosmos ein System von Zeichen.

Die Schöpfung, wie sie uns der Koran beschreibt, ist wohlgeordnet und darauf angelegt, den Bedürfnissen der Menschen und anderer Lebewesen gerecht zu werden. Jede Form von Ungerechtigkeit dagegen, die auf Erden geschieht, ist von Menschen verursacht – das macht der Koran deutlich. Erst aufgrund dessen, was Menschen angerichtet haben, hat Verderben im Himmel und auf Erden Einzug gehalten. Allerdings tauchen auch im Koran, wie im Alten Testament, Erdbeben und andere Naturkatastrophen als mögliche Strafen Gottes auf. Wie passen nun solche Katastrophen in das islamische Verständnis der Schöpfung?

Für die abendländische Geisteswelt bedeutete das Erdbeben von Lissabon im Jahr 1755 einen großen Schock, nicht allein wegen der vielen Verletzten und Toten selbst, sondern auch wegen der dadurch akut gewordenen Frage der Theodizee: warum also Gott solches Elend zulässt, wenn er doch allmächtig und gütig sei. Diese Theodizee-Problematik spielte im christlichen Mittelalter eine große Rolle und wurde auch von muslimischen Theologen intensiv diskutiert.

Uns Heutigen stellt sie sich allerdings etwas anders. Die Frage beispielsweise, warum es Erdbeben gibt, bei denen auch

Unschuldige sterben, beruht auf der Voraussetzung, dass die gesamte Welt absichtlich von dem Göttlichen entworfen wurde. Und wenn wir fragen, warum er nicht eingriff, um diese oder jene zu retten, unterstellen wir die Option einer Intervention Gottes ins gesamte Universum.

Teilen wir diese Vorstellungen überhaupt? Wir wissen heute um die Naturgesetze, die sämtlichen Abläufen auf dieser Erde zugrunde liegen. Wenn wir heute sagen, dass Gott diese Welt erschaffen hat, meinen wir, dass er die Grundlage für die Naturgesetze erschaffen hat. Man könnte auch sagen, dass seine Schöpfung den Naturgesetzen unterliegt. Wir behaupten hingegen nicht, dass er sie auch beliebig anders, also im Widerspruch zu den Naturgesetzen hätte entwerfen können. Zudem ist die Unterscheidung in „friedliche" und „katastrophale" natürliche Geschehen eine rein menschliche Unterscheidung. Erdbeben sind ein Weg, wie sich die Erde verändert, und auch der Tod ist Teil der natürlichen Abläufe. Wir können Gott nicht bitten, das zu unterbinden, denn das wäre dann ja eine Katastrophe eigener Art.

Wenn wir allerdings nicht in der Lage sind, unsere naturwissenschaftlichen Erkenntnisse in unseren Glauben mit einzubeziehen, wenn wir wirklich an der Auffassung festhalten wollen, dass Gott die Welt entworfen und erschaffen hat mit all ihren Gesetzen, so wie sie ist, befinden wir uns in derselben Situation wie die Aufklärer nach dem Erdbeben von Lissabon. Denn wenn wir so denken, müssen wir uns wirklich fragen, warum Gott Naturkatastrophen und all das andere Leid zugelassen hat. Kurz gesagt: Wir fragen nach einem grausamen Gott.

Einem solchen Gott können wir uns nur schwer nahe fühlen. Andererseits, das ist das Paradox, ist es gerade eine starke Religiosität, die uns an diesen Punkt bringt – dass wir nämlich so fest auf die Allmacht, Güte und Allwissenheit Gottes vertrauen! Hier berührt sich das Problem der Verantwortlichkeit Gottes wieder mit dem der Vorherbestimmung. Auch wenn man streng an die Vorherbestimmung glaubt, kann man sich fragen: Warum lässt Gott den einen bereuen, den anderen nicht?

Wir erreichen hier einen klassischen Konflikt in der Geschichte der Religion, nicht allein des Islam, sondern auch anderer Religionen. Wenn wir glauben, dass alle Macht bei Gott liegt, verringern wir gleichzeitig unser Zutrauen in die Fähigkeit des Menschen, die Welt sowohl zu verstehen als auch in ihr zu handeln. In einer anderen, rein naturwissenschaftlichen Weltsicht können wir eine Naturkatastrophe als Teil der natürlichen Welt ansehen; sobald wir aber glauben, dass Gott jede Handlung und jedes Geschehen auf der Welt verursacht oder beschlossen hat, taucht die Frage auf: Wieso?

Und damit wird auch unser Handlungsspielraum beschnitten. In einer Gesellschaft, die an den freien Willen der Menschen glaubt, tut man alles, um die Konsequenzen einer Katastrophe gering zu halten. Denken wir zum Beispiel an Japan, eines der am stärksten erdbebengefährdeten Länder der Erde. Man hat dort eine Bauweise entwickelt, die fast vollkommen erdbebensicher ist. Alle Heizungen gehen aus, sobald die Erde auch nur wackelt. Wenn man die Naturgesetze erforscht und entsprechende Techniken entwickelt, kann man die Folgen einer Naturkatastrophe deutlich einschränken.

In anderen Regionen dagegen bringt ein Erdbeben eine ganze Gesellschaft an den Rand des Abgrunds – Ägypten zum Beispiel: Ein Augenblick reicht aus, und eine Katastrophe riesigen Ausmaßes ist da. Wenn jemand in einer solchen Situation sagt, es kann ja ohnehin nichts auf dieser Welt geschehen, ohne dass Gott es will, kommt mir das manchmal wie eine gute Ausrede vor, um nicht über Ursachen und Folgen natürlicher Vorgänge nachdenken zu müssen, wie eine bequeme Lösung, um kein eigenes Handeln in die Wege leiten zu müssen.

Ich habe gesagt, dass die Frage, warum Gott dieses oder jenes Elend zugelassen hat, uns an den Rand des Glaubens bringen kann. Wenn wir innerhalb des Glaubens verbleiben und eine befriedigende Antwort finden wollen, lautet sie in ihrer traditionellen Form: Gott ist allmächtig, also kann er tun oder lassen, was immer er will. Unsere menschlichen Regeln gelten für ihn nicht. Oder man entscheidet sich eben für die andere Antwort, die die Zunahme unseres Wissens über die natürliche Welt berücksichtigt und sagt: Gott ist nicht für alles verantwortlich, was in dieser Welt geschieht. Auch wenn er die Welt und die Natur erschaffen hat, folgen sie doch ihren eigenen Gesetzen und ihren eigenen Abläufen.

Um innerhalb unseres naturwissenschaftlichen Weltbildes zu bleiben, könnte man folgendes Bild heranziehen: Nehmen wir an, ein Ingenieur hat eine sehr komplizierte Maschine gebaut. Auch diese Maschine wird, so gut sie auch funktioniert, ab und zu ausfallen – ohne jeden Grund. Oder man denke an die menschliche Gesundheit. Wir verstehen inzwischen sehr viel davon, wie der menschliche Körper funktioniert, wie Krankheiten zustande kommen und wie man sie behandeln kann. Aber wenn ein Kranker seinen Arzt fragt: Warum habe ich diese Krankheit bekommen, und warum jetzt?, wird ihm der Arzt oft antworten müssen: Das können wir Ihnen nicht sagen. Wir können einiges Allgemeine über die Zusammenhänge der Krankheit sagen; aber exakte Vorhersagen über Ursache und Verlauf können wir nicht treffen.

Auch bei der besten Maschine und bei etwas so Beeindruckendem wie dem menschlichen Körper kommt es zu Ausfällen, die aber nichts an deren Wert insgesamt ändern. Es ist das Geheimnis dessen, was wir noch nicht wissen. Auch wenn die Wissenschaft die Welt, in der wir leben, insbesondere unsere physikalische Welt, einiger ihrer Geheimnisse beraubt – und damit auch mancher Geheimnisse, die früheren Generationen als theologische Rätsel galten – gibt es doch genügend weitere Geheimnisse, die zum Nachdenken anregen. Auch in der Welt der Wissenschaft ist Platz für die Religion.

Dieses Bild von Gott als einem Ingenieur, der eine komplexe Maschine erschaffen und sie dann sich selbst überlassen hat, mag manchem Gläubigen als eine wenig religiöse Idee erscheinen. Religiöse Menschen stellen sich Gott lieber als jemanden vor, der immer da ist, um notfalls auch einzugreifen; er reagiert auf ihre Gebete und ändert uns unliebsame Dinge entsprechend. Und trotz allem, was ich über den naturwissenschaftlichen Zusammenhang gesagt habe, bin ich der festen Überzeugung, dass wir auch religiöse Sichtweisen brauchen. Wir brauchen neue religiöse Perspektiven, nicht dieselben alten Antworten!

Wir haben es hier mit einem weiteren Paradox zu tun, dessen Gründe tief in unserem Glauben, unserem Weltverständnis und unserer Natur als denkende und glaubende Wesen verankert sind. Theologisch gesehen brauchen wir nämlich die Vorstellung eines Göttlichen als jemanden, der auch noch dem geringsten Detail dieser Welt seine Aufmerksamkeit schenkt, der damit beschäftigt ist, über den Lauf der Welt zu wachen.

Doch, wie gesagt, das Konzept eines Gottes, der alles kontrolliert, lässt dem handelnden Menschen keinen Spielraum. Natürlich kann man sich völlig seinem Schicksal oder den vermeintlichen Beschlüssen Gottes ergeben und sich ganz passiv verhalten – das ist die eine Entscheidung. Aber die moderne

Welt hat hier eine andere Entscheidung getroffen: Wir Menschen können einen wesentlichen Einfluss auf den Verlauf der äußeren Welt nehmen, und dieses Wissen ist für unser modernes Selbstverständnis ganz zentral.

Die religiöse Erfahrung bleibt dennoch sehr wichtig für den Menschen als Individuum und auch als Gemeinschaft – ein Individuum steht in seinem Glauben ja nicht vereinzelt da, sondern befindet sich in einem kommunikativen Zusammenhang. Aber wir können und sollten die Allmacht Gottes nicht mehr zur alleinigen Grundlage unseres rationalen Handelns machen. Religion ist hier die Erfahrung eines Individuums oder einer bestimmten Gemeinschaft. Sowohl das Säkulare (das Profane) als auch das Religiöse (das Heilige) sind tief in unsere soziale und gedankliche Welt eingelassen. Auch wenn wir uns als Gläubige zur Allmacht Gottes bekennen, können wir dies nicht zur Norm erheben und nicht zur Maßgabe unseres gesellschaftlichen Handelns machen. Wir haben die Hoffnung und den starken Impuls, Gottes Nähe in unserem alltäglichen Zusammenhang zu spüren; und gleichzeitig wissen wir: Wir können dieser Logik nicht zu Ende folgen.

Unser heutiger Umgang mit diesen Fragen lässt sich daher meiner Auffassung nach besser als eine Erfahrung persönlicher Religiosität verstehen denn als eine Entscheidung für die eine oder andere Seite eines theologischen Disputs. Wenn wir also die Ungerechtigkeit in der Welt sehen und Gott fragen: Warum hast du das zugelassen?, meinen wir nicht wirklich, dass Gott daran Schuld ist. Es ist eher ein kommunikativer Akt, Teil unserer Beziehung zu Gott. Bei diesem Zweifeln oder Hadern handelt es sich um einen Teil der individuellen religiösen Erfahrung.

In Bezug auf die Vorstellung göttlicher Vorherbestimmung kann man sogar sagen, dass diese Erfahrung auch eine Art Unterstützung durch die gewöhnliche Lebensklugheit erhält. Wir können uns auch daher auf der persönlichen Ebene nicht völlig von der Vorstellung lösen, dass Gott alles in seiner Hand hat, weil man sich in manchen Situationen sagen muss: Und was geschehen soll, das wird geschehen. Wir haben eine Stimme in uns, die glaubt, dass es so etwas wie eine Zeit für den Tod und eine Art Bestimmung gibt, und auch sie drückt weniger eine rationale Überzeugung als eine persönliche und praktische Einstellung aus. Eine Lebenseinstellung, weil man nicht die ganze Zeit von Angst getrieben sein will.

Natürlich wollen wir alle nicht sterben – man ist bereit, alles Mögliche zu tun, um dem Tod möglichst lange zu entrinnen. Aber wir wissen: Irgendwann kommt er doch. Und bis dahin wollen wir das Leben genießen und nicht nur in Todesangst leben. Auch daher rührt unsere Einstellung, eine, wenn man so will, weiche Variante der Lehre von der Prädestination. Aber das ist nicht die große These von der Vorherbestimmung und die Überzeugung, dass wirklich alles vorherbestimmt sei.

Ähnlich konkret und persönlich, nicht abstrakt theologisch fällt auch unsere Einstellung zum Problem der Theodizee aus. Dieser Groll, den wir beispielsweise angesichts einer Katastrophe oder dem Tod Unschuldiger gegenüber Gott empfinden können, ist auch ein Zeichen einer tiefen Beziehung zu Gott, solange er sich nicht zur Abkehr von Gott steigert. Ich habe einmal einen Film gesehen, in dem ein Priester zur Verbannung nach Südafrika verurteilt worden war. Während der Schifffahrt hat er versucht, den Menschen zu helfen, wo es nur ging. Am Ende kenterte das Schiff und das Wasser in einem der unteren Decks stieg lebensbedrohlich an; einer musste sich opfern, um das Wasser auszuschließen. Und er sprang hinunter, um sich zu opfern, aber gleichzeitig schimpfte er die ganze Zeit auf Gott: Wieso tust du das? Was für ein perverses

Vergnügen findest du daran, all diese unschuldigen Menschen zu quälen? – Ich fand immer, dass das ein sehr aufrichtiger Gläubiger war. Denn diese Wut war ein Zeichen seines Glaubens und seines Vertrauens.

Man möchte nicht an einen grausamen oder gleichgültigen Gott glauben, sondern an einen mitfühlenden Gott; man will, dass der Schöpfer Anteil nimmt. Und gleichzeitig wissen wir, dass er nicht wirklich für alles, was geschieht, verantwortlich zu machen ist. In gewisser Weise herrscht eine Spannung zwischen diesen beiden Momenten des Glaubens. Und ich kann an dieser Spannung nichts Schlimmes finden, denn ich glaube, solche Spannungen bereichern und vertiefen unser Leben.

9. Mensch, Natur und Teufel

Der Koran erzählt uns, dass der gesamte Kosmos damit beschäftigt ist, Gott zu preisen. Jedes Lebewesen und jedes einzelne Ding im Kosmos verherrlicht ihn. Damit ist natürlich kein Gottesdienst im Sinne der menschlichen Entscheidung gemeint, Gott zu dienen, so als ob das gesamte Universum in ein bestimmtes Ritual involviert wäre. Doch die Beziehung aller Wesen zu Gott wird zum Beispiel in Sure 24 ganz unmissverständlich ausgedrückt:

> 41. Siehst du denn nicht, dass Gott lobpreist, wer in den Himmeln und auf Erden ist, so auch die Vögel, ihre Schwingen breitend. Jedes (Geschöpf) kennt sein Gebet und seine Lobpreisung. Und Gott weiß, was sie tun.

Für mich klingt das wie eine Einladung: Wenn wir Gott preisen und ihm dienen, sind wir Teil des gesamten Universums. Es wird eine Verbindung geschaffen zwischen uns menschlichen Individuen und dem Rest dieser Welt. Alles auf Erden hat Teil an diesem Tun – warum sollte der Einzelne eine Ausnahme bilden? Wieso sollte er oder sie vereinzelt bleiben? Wenn der gesamte Kosmos Gott preist und du nicht mitmachst, dann schließt du dich selbst aus.

Dieser Aufruf, uns als Teil eines größeren Ganzen zu sehen, verändert unseren Blick auf uns selbst. Wenn wir die entsprechende Stelle des Korans in diesem Sinne wiederlesen, wird uns klar, dass der Koran uns einlädt, uns als Teil des Kosmos zu verstehen und auch entsprechend zu handeln, dass wir uns also nicht vom Rest der Schöpfung separieren sollen. Das neu erwachte Umweltbewusstsein der letzten Jahrzehnte ist eine moderne Form derselben Einsicht: dass wir beispielsweise unserer eigenen Zukunft einen schlechten Dienst erweisen, indem wir die natürlichen Ressourcen ausbeuten. Der Missbrauch der natürlichen Ressourcen würde letztlich unsere Existenz gefährden, das wissen wir nun. Wir wissen auch, dass die Erderwärmung in eine Katastrophe führen wird. Wir sind also nicht die Herren des Universums, wie es uns die mittelalterliche Philosophie sowohl des Christentums als auch des Islam weismachen wollte, sondern wir sind Teil dieses Universums.

Zwar werden diverse Tierarten im Koran als Zeichen angeführt, die Gottes Fürsorge für uns Menschen belegen: Wir dürfen das Fleisch vieler Tiere verzehren und sie als Lasttiere für uns nutzen. Dennoch heißt das eben nicht, dass der ausschließliche Zweck ihres Daseins in ihrem Nutzen für uns liegt, im Gegenteil. Der Koran erwähnt nicht nur unzählige Tierarten – manche Suren sind sogar nach Tieren benannt, wie „die Kuh", „die Ameise" oder „die Biene"; sondern er macht auch deutlich, dass sie mit eigenem Recht existieren, dass sie laut Sure 6 „Völker" sind wie wir:

> 38. Keine Tiere gibt es auf Erden und keinen Vogel, der mit seinen Schwingen fliegt, die nicht Völker wie ihr sind. Nichts haben Wir in dem Buch übergangen. Letztlich werden sie zu ihrem Herrn versammelt.

Laut der koranischen Erzählung werden die Tiere also sogar am Jüngsten Tag zusammen gerufen, genau wie die Menschen, so wie sie generell nach dem Koran auch an der Beziehung zum Göttlichen teilhaben. So wie es eine Kommunikation zwischen Gott und Menschen gibt, gibt es auch eine Kommunikation zwischen Gott und Tieren. Wir Menschen stellen uns gern vor, dass wir eine exklusive Beziehung zum Göttlichen hätten, aber dem ist nicht so. Ein Philosoph hat einmal gesagt: Wenn man ein Pferd fragen würde, was für ein Wesen Gott ist, würde es sagen: Natürlich ein Pferd!

Dass wir Menschen mit unserer Umwelt kommunizieren, gilt aber nicht nur in Bezug auf die Tiere – überhaupt kommunizieren wir mit der Natur. Deswegen verspürt ja der moderne Mensch ein so großes Interesse an der Umwelt, an seiner natürlichen Umgebung. Und genau das ist auch der Inhalt der Bilder vom Paradies: Von Grün ist die Rede, von Bächen und Bäumen. Heute würden wir sagen: Das Paradies enthält unberührte, oder zumindest unbeschädigte Natur!

Denn das Paradies, das wir verloren haben, ist eben auch Teil unseres tierischen Lebens, bevor wir zu Menschen wurden, und in der Erzählung vom Paradies klingt der Verlust unserer ganz frühen Vergangenheit nach, als wir noch ein Teil der Natur waren und mit der Natur lebten.

Unser Bild vom Paradies scheint jener Zeit zu entstammen, bevor sich der Mensch von der Natur entfremdete. Wir wurden in dem Augenblick aus dem Paradies ausgeschlossen, in dem wir erkannten, dass wir Menschen waren. Als wir unsere Scham erkannten. In dem Moment, in dem wir begannen, uns unserer physischen Natur zu schämen, in dem wir sie am liebsten verbergen, zumindest aber bedecken wollten, haben wir uns von unserer Existenz als Naturwesen entfernt. Wir schämen uns unserer natürlichen, tierischen Anteile. Von diesem Heraustreten des Menschen aus der Natur, von dieser Entfremdung erzählt die Geschichte von Adam und Eva und ihrem Ausschluss aus dem Paradies.

Gleichzeitig spielt das Motiv des Bösen eine Schlüsselrolle in dieser Erzählung vom Heraustreten aus der Natur und der Verstoßung aus dem Paradies. Diese Wandlung Adams und Evas von gottgefälligen zu ungehorsamen Geschöpfen ist einigermaßen rätselhaft: Wo kommt das Böse plötzlich her? Sind Gut und Böse zwei einander völlig fremde Dinge?

Um das Böse zu verstehen, müssen wir uns erst einmal anschauen, wie es in die religiöse Erzählung eingeführt wird; und es erscheint erstmals im Zusammenhang mit dem Auftreten des Menschen. Das Böse entstand, als das Göttliche entschied, einen Menschen zu schaffen, so erzählt es der Koran. Als Gott seine Absicht kundtat, den Menschen zu erschaffen, drückten die Engel ihr Entsetzen aus und ihre Angst, dieser Mensch werde Blutvergießen anrichten. Die zweite Sure enthält diese wichtige Erzählung:

> 29. Er ist es, der für euch alles auf Erden schuf. Dann wandte Er sich dem Himmel zu und bildete ihn zu sieben Himmel; und Er hat Macht über alle Dinge. 30. Und als dein Herr zu den Engeln sprach: „Siehe, Ich will auf der Erde für Mich einen Sachverwalter einsetzen", da sagten sie: „Willst Du auf ihr einen einsetzen, der auf ihr Verderben anrichtet und Blut vergießt? Wir verkünden doch Dein Lob und rühmen Dich." Er sprach: „Siehe, Ich weiß, was ihr nicht wisst."

Die Engel verstehen nicht, welchem Zweck das menschliche Geschöpf dienen soll, und auch für uns wird das Rätsel nicht wirklich gelöst. Stattdessen erhalten wir eine abschließende, aber doch einigermaßen rätselhafte Begründung: „Ich weiß, was ihr nicht wisst."

Als Gott den Menschen erschaffen hatte, forderte er sie auf, sich vor Adam niederzuwerfen. Alle taten es, mit der Ausnahme von einem; er wird im Koran mal bei seinem Eigennamen Iblis genannt und mal als Satan, als gefallener oder böser Engel, bezeichnet. Er ist es auch, der Adam und Eva später zum Bösen verführt, so erzählt die zweite Sure weiter:

34. Und als Wir zu den Engeln sprachen: „Werft euch vor Adam nieder!" – da warfen sie sich nieder, außer Iblis, der sich aus Hochmut weigerte und so zu einem der Ungläubigen wurde. 35. Und Wir sprachen: „O Adam! Du und deine Frau, bewohnt den Garten und esst von ihm in Hülle und Fülle, wo immer ihr wollt; aber naht nicht jenem Baume, sonst seid ihr Übeltäter." 36. Aber Satan ließ sie straucheln und vertrieb sie, von wo sie weilten. Und Wir sprachen: „Fort mit euch! Der eine sei des anderen Feind. Doch auf Erden sollt ihr eine Wohnung und Nießbrauch auf Zeit haben."

Wir können hier noch einmal auf das zurückkommen, was wir über das Wesen das Göttlichen gesagt haben und darüber, wie uns der Koran das Wesen Gottes präsentiert. Das Böse, der Teufel, Satan, Iblis – egal wie wir es nun nennen: Ist es Teil des Göttlichen oder ist es etwas ihm völlig Entgegengesetztes? So paradox diese Frage zunächst klingen mag, sie hat Theologen – sowohl muslimische als auch christliche – immer wieder stark bewegt. Und ich meine sogar: Wenn wir aus irgendeiner religiösen Schrift das Böse ganz streichen wollen, werden wir merken, dass wir auch das Göttliche gestrichen haben. Denn mir scheint, dass das Gute und der Teufel beides existenzielle Teile der Natur des Göttlichen sind; schließlich wurde auch Satan vom Göttlichen erschaffen.

Anders verhält es sich, wenn wir uns einige der ostasiatischen Traditionen ansehen oder frühe persische Religionen wie den Zoroastrismus, die sich mit dem Dualismus befassten, den sie als grundlegendes Wesen des Kosmos ansahen. Sie glaubten an Licht und Dunkel als zwei Mächte, die miteinander im Konflikt stehen. In diesen religiösen Traditionen sind Gut und Böse zwei getrennte Mächte, die es von Anbeginn gibt und die ewig gegeneinander kämpfen. Im Monotheismus ist diese Dualität zu einer Einheit gekommen; doch selbst in dieser Einheit entdeckt man noch beide Dimensionen. Denn das Böse würde nicht existieren, wenn das Göttliche nicht entschieden hätte, dass es existieren darf oder soll. Wenn etwas als Konsequenz einer göttlichen Entscheidung erscheint, dann heißt das ja, dass es Teil des göttlichen Willens ist. Und diese Auffassung finden wir auch im Koran selbst angelegt; die Rede vom Auftauchen des Bösen im Koran weist darauf hin. Wir erinnern uns: Gott kündigte an, den Menschen als seinen Stellvertreter zu erschaffen, und sofort schrien die Engel auf und fragten, warum? Es war klar, dass die Erschaffung des Menschen zu Blutvergießen führen werde; und doch war die Erschaffung des Bösen, oder der Möglichkeit des Bösen, Teil des göttlichen Willens.

Oder denken wir an die Weigerung Iblis', sich vor Adam niederzuwerfen, wie es all die anderen Engel widerspruchslos getan haben; weil er aus Feuer, der Mensch aber nur aus Schlamm geschaffen sei, hielt er sich für höherwertig als jenen und sah nicht ein, sich vor ihm zu verbeugen. Später verführte er Adam, sich Gottes Verbot zu widersetzen, und so kam es zum ersten Auftreten des Bösen, zur ersten bösen Handlung in der Welt.

Dies ist eine sehr interessante Geschichte, zumal wenn man bedenkt, dass auch Iblis ein Engel war und die Engel dazu erschaffen waren, Gott zu dienen und zu gehorchen. Auch Iblis ist Teil des göttlichen Plans, der göttlichen Intention, als er den Menschen erschuf. Daher kann man mit einigem Recht sagen: Das Gute und das Böse sind Teil der göttlichen Natur. Im Monotheismus gibt es keine explizite Dualität, keine zwei Kräfte.

Aber in dem Einen Gott des Monotheismus tauchen beide Kräfte, die gute und die böse Dimension, auf.

Wird also diese duale göttliche Natur im Menschen reflektiert, oder spiegelt sich nur für uns die duale Natur des Menschen im Göttlichen? Der Atheist wird hier natürlich antworten, dass sich die Menschen Gott so vorstellen, wie sie selber sind. Der Gläubige wird sagen, dass wir nach Gottes Bild erschaffen sind und eben diese doppelte Natur haben, weil auch Gott so ist. Das Entscheidende ist aber so oder so: Das Böse und das Göttliche sind zwei Seiten derselben Medaille.

Und ich möchte hinzufügen: Wenn man an die Evolution glaubt, also nicht glaubt, dass Gott uns in dieser Form erschaffen hat, sondern dass wir Menschen uns aus tierischen Vorfahren weiter entwickelt haben, stoßen wir auf dieselbe Struktur, dieselbe Vorstellung, dass wir eine duale Natur geerbt haben. Wir haben von unseren tierischen Vorfahren einige tierische Eigenschaften geerbt. Sie sind zwar nicht böse, aber doch immerhin wild.

Was nun die allgemeine Natur des Menschen angeht, finden wir im Koran verschiedene und vermeintlich widersprüchliche Aussagen. Im Koran ist mehrmals von der Natur des Menschen die Rede. Sure 4 erklärt:

> 28. Gott will es euch leicht machen; denn der Mensch wurde schwach erschaffen.

Danach benennt der Koran einige ethische Regeln, die dem Menschen helfen sollen, sich zu orientieren: keinen Betrug beim Handel zu treiben, sich nicht vom Neid erfassen zu lassen, Verantwortung füreinander zu übernehmen. An anderer Stelle aber, in Sure 18, sagt der Koran:

54. ... Von allen Wesen ist aber der Mensch am streit-
süchtigsten.

Mit solchen Aussagen zur Natur des Menschen verhält es sich
genauso wie mit Aussagen über das Wesen Gottes oder die
Vorherbestimmung etc.: Sie stehen nicht als theologische oder
philosophische Thesen für sich, sondern sind Teil des dialogischen Prozesses der Offenbarung. Auch hier müssen wir wieder schauen, an wen sich diese Stellen jeweils richten, und
uns hüten, aus einzelnen Koranstellen Verallgemeinerungen
abzuleiten.

Manche der Passagen richten sich beispielsweise gegen die
Polytheisten. Die oben angesprochene Schwäche ist eine Eigenschaft menschlicher Wesen, die in solchen Passagen erwähnt wird, neben Sturheit, Widerwilligkeit, Streitbarkeit. In
diesem Kontext, als Entgegnung auf die Ungläubigen oder als
Aufforderung an ihre Adresse, spricht der Koran mehrfach von
diesen Eigenschaften. Er schimpft sein Gegenüber dumm oder
streitsüchtig, ganz wie in einer erhitzten Diskussion. Wenn
man mit jemandem diskutiert, der sich völlig uneinsichtig
zeigt und ständig dieselben dummen Sachen von sich gibt,
wird man sich ärgern. Und darin, dass der Koran in genau dieser Weise kontextbezogen auf seinen Zuhörer eingeht, zeigt
sich wieder die dialogische Natur des Korans!

Auch allgemein formulierte positive Aussagen über den
Menschen werden wir im Koran kaum finden. Wenn positive
Eigenschaften angesprochen werden, geschieht dies im Zusam-
menhang mit bestimmten Gruppen wie den Gläubigen, den
Juden und den Christen und insbesondere denjenigen Mön-
chen, die Mohammed als Propheten akzeptierten und priesen.

In allgemeiner Hinsicht betont der Koran, dass die Menschen sowohl mit negativem als auch mit positivem Potenzial

ausgestattet sind. Ob sie sich für Gut oder Böse entscheiden, ist ihnen selbst anheim gestellt, und so werden sie im jenseitigen Leben nach ihren guten und schlechten Taten beurteilt.

Nach diesem kleinen Exkurs zur Natur von Gut und Böse können wir wieder zur Erzählung vom Paradies und vom Sündenfall zurückkehren. Anders als es gemeinhin dargestellt wird, enthält diese Erzählung nämlich nicht vorrangig eine Erklärung der menschlichen Existenz: wie wir auf die Erde gelangt sind, und warum. Auch das ist darin enthalten, und wie bereits erwähnt, enthält die Erzählung auch Reminiszenzen an unsere tierische Existenz.

Doch wie viele Erzählungen hat auch diese eine mehrdimensionale Bedeutung und enthält mehr symbolisches Material, als es zunächst den Anschein haben mag. Wir erinnern uns, dass die zweite Sure davon erzählt, wie Gott den Engeln verkündet hat, dass er den Menschen als Statthalter auf Erden erschaffen werde. Wenn das aber Gottes Vorhaben war, warum sollte er den Menschen zunächst ins Paradies stecken, ihm verbieten, von jenem Baum zu essen, ihm dann auf geheimnisvolle Weise den ungehorsamen Engel namens Iblis schicken, um ihn zu verführen, und dann erst, als Iblis Erfolg hatte, den Menschen auf die Erde verbannen?

Wir kommen hier also nicht weiter, wenn wir versuchen, in der Episode vom Paradies und dem Sündenfall eine These zur Herkunft des Menschen zu sehen; wir müssen uns stattdessen wieder in Erinnerung rufen, dass wir es mit einer Erzählung zu haben, und fragen, wie deren innere Logik funktioniert. Meiner Meinung nach besitzt das Paradies hier zwei Funktionen: Zum einen soll damit ausgesagt werden, dass wir hier auf Erden nur vorübergehend sind, denn wir würden ja gern in das verlorene Paradies zurückkehren.

Das zweite Thema aber, das die Erzählung vom Paradies behandelt, ist das Auftauchen des Bösen. Dasselbe Geschehen wird an mehreren Stellen des Korans wiederholt. In sieben verschiedenen Suren finden sich Stellen dazu, nämlich 2:36–39; 7:11–29; 15:23–50; 17:61–64; 18:50–55; 20:115–172; 38:71–88. Manche Passagen sind kurz, manche länger. Man kann sie vergleichen und schauen, welches narrative Element sich in allen wiederholt. Und die einzige Wiederholung in allen sieben ist: Iblis. Das heißt, die ganze Geschichte handelt eigentlich von dem Bösen. Es geht gar nicht so sehr um den Menschen und seine Geschichte, sondern vielmehr darum, den Menschen zu lehren, sich dem Bösen nicht zu unterwerfen.

Diese verbotene Frucht, von der man nicht kosten darf, ist in der Mythologie übrigens ein ganz altes Motiv: dass es etwas Verbotenes gibt, von dem der Bewohner des Hauses nicht wissen darf. Dass jemand eingeladen wird, einen wunderschönen Ort zu bewohnen, aber alles steht und fällt damit, dass eine bestimmte Regel nicht übertreten wird.

Was nun den Wunsch angeht, wieder in dasselbe Paradies zurückzugehen, in dem wir ja noch keine Menschen waren, darüber kann man streiten. Ich persönlich bewundere Adam dafür, dass er als Einziger den Mut besaß, sich selbst aus diesem Gefängnis zur befreien, das „Paradies" heißt: Vorher waren die Menschen wie Tiere und konnten nicht zwischen gut oder schlecht unterscheiden. Erkenntnis aber – nicht zufällig wird der verbotene Baum in der Bibel Baum der Erkenntnis genannt – Erkenntnis bedeutet Menschlichkeit.

10. Die Frage nach der Gewalt

Im vierten Kapitel habe ich bereits den historischen Hintergrund beschrieben, der zur Entstehung der ersten muslimischen Gemeinde in Medina führte – in einer Stadt, in der neben zwei rivalisierenden heidnischen Stämmen, den Aus und den Chazradsch, auch drei jüdische Stämme lebten. Ich habe in jenem Kapitel auch zu zeigen versucht, wie sich die koranische Botschaft nun von einer rein eschatologischen spirituellen Botschaft zu einer stärker sozio-politischen Botschaft wandelte. Und die Konflikte zwischen der neu entstandenen muslimischen Gemeinschaft und den Quraisch von Mekka, später auch die Konflikte mit den Juden Medinas, treten im Koran zu Tage.

Ebenso wie der Koran andere geistige, ethische und politische Ereignisse und Streitfragen jener Zeit dokumentiert, aufgreift und beantwortet, finden leider auch die meisten militärischen Entscheidungen, die Mohammed traf, hier ihren Widerhall. Ich sage „leider", weil Koranverse, in denen vom Krieg gesprochen wird, mehr noch, in denen der Koran zum Kämpfen geradezu auffordert, für den heutigen Leser die meisten Rätsel aufwerfen. Obwohl diese konkreten Bezüge auch ihre Vorteile haben: Für den Historiker können sie bisweilen hilfreich sein; er kann anhand bestimmter Andeutungen oder Erzählungen manchmal Abläufe rekonstruieren, die in den historischen Quellen nicht oder nur unvollständig zu finden sind. So, wie sich manche Episoden im Koran nur oder besser vor dem Hintergrund anderer Quellen verstehen lassen, kann eben auch der Koran als eine weitere historische Quelle dienen, obwohl man, wie bei allem historischen Material, sehr vorsichtig sein muss. Es handelt sich schließlich um erzählte Geschichte, nicht um ein objektives Protokoll des Geschehenen.

Das Wörtchen „leider" verdankt sich aber meinem Bedauern, wenn ich an andere Gruppen von heutigen Lesern denke, die eben keine Historiker sind. Ich möchte drei Gruppen unterscheiden. Die einen Leser sind schlicht irritiert. Dass der Koran so zahlreiche Kommentare zu sozio-politischen Fragen der frühen islamischen Gemeinde zu Mohammeds Lebzeiten enthält, macht es dem heutigen Leser bereits schwer genug, zumal wenn er nicht über das notwendige historische Wissen verfügt, die Verse richtig zuordnen zu können. Mühsam gilt es dann jeweils herauszufinden, wie diese Stellen heute zu lesen sind und was überhaupt hinter all den detaillierten Bemerkungen steht.

Eine zweite Gruppe von Lesern macht sich diese Mühe erst gar nicht. So wie es schon seit Jahrhunderten zu den üblichen abendländischen Vorurteilen gegen den Islam gehört, Mohammed vorzuwerfen, dass er ein politischer und auch ein militärischer Anführer war, so werden bis heute die kämpferischen Töne der entsprechenden Koranstellen als „Beweis" dafür genommen, dass der Islam eine weniger friedfertige oder ohnehin weniger hoch entwickelte Religion als zum Beispiel das Christentum sei. Ich habe bereits davon erzählt, wie schwierig und unfair die Situation ist, in die man als Muslim oft kommt, wenn man erst einmal „beweisen" soll, dass der Islam nicht vorrangig den Krieg, sondern wie alle Religionen das Gute im und für den Menschen befördern will.

Vergleiche und Verweise auf die Friedfertigkeit Jesu und seiner Jünger sind hier wenig hilfreich. Während Mohammed, wie bereits erwähnt, in einer praktisch gesetzlosen Gesellschaft lebte, wuchs Jesus als jüdisches Kind in einer jüdischen Gemeinschaft auf. Er versuchte, die jüdische Tradition von einigen Bräuchen zu reinigen, die er nicht akzeptabel fand; aber er brauchte weder einen Gesetzeskanon zu entwerfen noch eine neue Form politischer Gemeinschaft zu gründen, denn es gab bereits einen juristischen Diskurs und eine Gesellschaftsform, die für alle Bürger und Unterworfene des Römischen Reiches galt.

Das Christentum errichtete daher in seinen Anfängen kein eigenes Reich, sondern erwuchs zunächst innerhalb eines bereits bestehenden Reiches; erst später wurde es vom sich wandelnden Rom benutzt und adaptiert. Sobald sich dann, im 4. Jahrhundert, der römische Kaiser Konstantin entschieden hatte, das Christentum zur Staatsreligion zu erheben und es sich zunutze zu machen, stellten sich auch für die Christenheit einige Fragen anders als zuvor: Nun hatten auch sie über Gesetze und über Kriegsgänge zu entscheiden. Sowohl die weltlichen als auch die geistlichen Anführer der Christenheit waren an solchen Entscheidungen beteiligt.

Doch ich möchte hier nicht in den polemischen oder apologetischen Diskurs einsteigen, den ich selbst kritisiere. Ich plädiere nur dafür, die angemessenen, nämlich historischen und realistischen Maßstäbe anzulegen. Die Muslime zu Mohammeds Lebzeiten waren aus ihrer Heimatstadt Mekka vertrieben worden. Und die ersten zehn Jahre der muslimischen Gemeinde waren u. a. von ihrem Konflikt mit den Mekkanern geprägt. Diesen Hintergrund dürfen wir bei unserer Koranlektüre nie vergessen.

Bevor ich diese historische Situation aber ein wenig ausführlicher erläutere, möchte ich noch auf eine dritte Gruppe von Lesern eingehen, die die kämpferischen Töne des Korans aus ihrem Kontext herausreißen und verzerren. Und zwar meine ich damit jene Muslime, die jede Kleinigkeit, die im Koran erwähnt ist, als Inhalt einer ewigen göttlichen Botschaft ansehen. Sie übersehen die Dynamik des Korans, ja vermutlich interessieren sie sich dafür auch gar nicht. Ich habe bereits beschrieben, wie sich die islamische Theologie immer stärker der Richtung zuneigte, die den Koran als exakten Wortlaut einer göttlichen Rede verstand. Und im Laufe dieser Entwicklung bekamen Stellen, die von Gewalt und Krieg und von der Notwendigkeit, hart gegen seine Feinde vorzugehen, handelten, eine ganz andere Bedeutung, als sie bis dahin gehabt hatten (und als sie vernünftigerweise haben sollten). Sie konnten dann leider als göttliche Anweisungen an die Gläubigen verstanden werden, die über den historischen Kontext hinaus den Charakter einer Aufforderung erhielten. Nehmen wir beispielsweise einen Vers wie den folgenden aus Sure 4, in dem es über die Abtrünnigen heißt:

89. Sie möchten gern, ihr würdet ungläubig, wie sie ungläubig sind, so dass ihr (ihnen) gleich würdet. So nehmt euch niemanden von ihnen zum Freund, bis sie auf dem Weg Gottes auswandern. Wenn sie sich abkehren, dann greift sie und tötet sie, wo immer ihr sie findet, und nehmt niemanden von ihnen zum Freund oder Helfer.

Auf diesen Vers folgt übrigens ein weiterer, der leicht übersehen wird:

90. mit Ausnahme derer, die zu Leuten gelangen, zwischen denen und euch ein Vertrag besteht, oder zu euch kommen, weil Beklommenheit ihre Brust befallen hat, gegen euch zu kämpfen oder gegen ihre (eigenen) Leute zu kämpfen – und wenn Gott gewollt hätte, hätte Er ihnen Gewalt über euch verliehen, und dann hätten sie gewiss gegen euch gekämpft. Wenn sie sich von euch fern halten und nicht gegen euch kämpfen und euch Frieden anbieten, dann erlaubt Gott euch nicht, gegen sie vorzugehen.

Deutlich ist an diesem Vers zu ersehen, dass der Aufruf zum Kampf gegenüber denen galt, die für die muslimische Gemeinde gefährlich waren, nicht aber gegen Andersgläubige an sich und schon gar nicht, sobald sie zu Verhandlungen oder zum Friedensschluss oder auch nur zur Neutralität bereit waren.

Die Verse 89–90 sind nicht isoliert zu lesen, sondern stehen in einer Reihe von Versen, beginnend mit Vers 66, die den Unwillen der Muslime beschreibt, in den Kampf zu ziehen, bis hin zu 91, der von einer weiteren Gruppe berichtet, die ursprünglich nicht gegen die Muslime hatte kämpfen wollen, aber von einer anderen, aggressiven Gruppe dazu gezwungen worden war. Damit ist Vers 4:89 nur ein Beispiel unter vielen Versen, die in einem sehr komplexen Zusammenhang stehen, die aber von manchen Muslimen aus dem Kontext gerissen und verallgemeinert und so dargestellt werden, als ob es generell alle Ungläubigen zu bekämpfen gälte. Das ist aber ein vollkommenes Missverständnis, und weder Mohammeds eigene Gemeinde noch die frühen Kalifen haben diese Stellen so verstanden.

Als Mohammed beispielsweise aus seinem Exil in Medina im Jahr 630 n. Chr. im Triumph in Mekka einzog, tötete er niemanden, obwohl die dortigen Mekkaner mit ihm verfeindet gewesen waren und ihm teilweise nach dem Leben getrachtet hatten. Im Gegenteil, er begnadigte die Bewohner der Stadt, die sich ergaben. Jeder, der sich in seinem eigenen Haus aufhielt, jeder, der Zuflucht in der Kaaba suchte, und jeder, der sich im Hause Abu Sufyans befand, sollte sicher sein. Die letzte Bestimmung war eine besondere Ehrerweisung an Abu Sufyan, einen der einflussreichsten Anführer der Quraisch, um ihn so zur Annahme des Islam zu bewegen.

Auch als die Araber später Ägypten eroberten oder Syrien oder Iran – haben sie sich da etwa an die Aufforderung gehalten, die Ungläubigen zu töten, „wo immer ihr sie findet"? Natürlich nicht! Zwar gab es Kriegszüge, wie sie zur Erweiterung des Reiches und zur ökonomischen Bereicherung üblich waren, aber keinen Massenmord an Andersgläubigen. Die frühen Muslime haben die oben zitierte Aufforderung weder wörtlich genommen noch auf ihre eigene Situation bezogen. Sie waren hier vernünftiger als manche modernen Muslime, die meinen, das sei alles wörtlich zu verstehen.

Ich habe bereits darauf aufmerksam gemacht: Wenn man sich die Geschichte der muslimischen Reiche anschaut, wird einem ziemlich schnell klar, dass diese Reiche nie hätten aufgebaut werden können, wenn alle getötet worden wären, die anderen Glaubens waren. Wenn man in den Kampf gezogen ist, war es immer nur der Kampf einer Gemeinschaft gegen eine andere, eine „normale" militärische Auseinandersetzung. Es war aber nicht so, dass irgendwelche Muslime loszogen, um Andersgläubige zu töten, wo sie ihrer nur habhaft werden konnten!

Wie kam es aber nun zu den Kämpfen zwischen den inzwischen in Medina lebenden Muslimen und den Quraisch von Mekka? Bei der Hidschra, der Auswanderung nach dem später so genannten Medina, hatten die Muslime alles zurückgelassen; nun wollten sie etwas zurück gewinnen. Daher versuchten sie, die Karawanen, die die arabische Halbinsel durchzogen und mit den Gütern der Quraisch unter anderem in Medina Halt machten, zu stören und gefangen zu nehmen. Offenbar hielten sie ihre Überfälle auf die Karawanen für ein legitimes Mittel, einen Teil ihres Besitzes wiederzuerlangen, den die Quraisch beschlagnahmt hatten. Sie hatten das Gefühl, es sei das Geld der Quraisch, das dort an ihnen vorüberzog. Wegen der Quraisch hatten sie all ihren Besitz in Mekka zurücklassen müssen, warum also sollten sie sich nicht etwas von den Quraisch zurückholen?

Bei der Beurteilung oder gar dem Verurteilen dieses Handelns sollten wir vorsichtig sein. Jawohl, es war eine Art von Rache; aber so zu handeln ist menschlich. Diese Menschen hatten ihre Häuser, teilweise ihre Familien und allen Besitz verloren; und wenn man in so einer Situation eine Chance erkennt, sich wieder etwas zurückzuholen, dann tut man es.

Ihr ursprüngliches Vorhaben, die Karawane zu stören, gelang allerdings nicht; die Karawane der Quraisch erreichte Mekka. Dort berichtete der Anführer der Karawane, der bereits erwähnte Abu Sufyan, von dem versuchten Überfall, und man beschloss, etwas gegen die Muslime zu unternehmen. Also schickten die Mekkaner eine gut ausgerüstete Armee.

So kam es zur ersten Schlacht der Muslime gegen die Quraisch, zur Schlacht von Badr 624 n. Chr. Die Muslime, die den Mekkanern eigentlich an Zahl und Ausrüstung deutlich unterlegen waren, siegten. Das gab der neu gegründeten Gemeinschaft Auftrieb, weil sie allen äußeren Umständen zum Trotz doch eine mächtige Gruppe waren. Zudem sahen sie sich darin bestärkt, dass sie auf Gottes Unterstützung hoffen durften. Der Koran erzählt hiervon in der dritten Sure:

13. Ihr hattet ein Zeichen in zwei Gruppen, die aufeinander trafen: Die eine Gruppe kämpfte auf dem Weg Gottes, die andere war ungläubig. Sie (die Gläubigen) sahen mit eigenen Augen, dass jene zweimal so zahlreich waren wie sie. Aber Gott stärkt mit seiner Unterstützung, wen Er will. Darin ist eine Lehre für die Einsichtigen.

In derselben Sure wird auch der Name des Schlachtfelds genannt:

123. Gott hat euch doch in Badr unterstützt, als ihr unterlegen wart. So fürchtet Gott, auf dass ihr dankbar werdet.

Von da an fanden mehrere solcher Kämpfe zwischen der muslimischen Gemeinschaft und den Mekkanern statt. In einigen davon wurden die Muslime besiegt. Eine solche Niederlage wird in Sure 9 erwähnt:

25. Gott hat euch an vielen Orten unterstützt, auch am Tag von Hunayn, als eure große Zahl euch gefiel, von euch aber nichts abwenden konnte. Die Erde wurde euch eng trotz ihrer Weite. Darauf kehrtet ihr den Rücken.

Nach zehn Jahren konnten Mohammed und seine Anhänger Mekka einnehmen, ohne auf Widerstand der Bevölkerung zu treffen. Dazwischen lagen Siege, Niederlagen und Verhandlungen. Mit den Bedingungen des berühmten Vertrags von Hudaibiya im Jahr 628 n. Chr. gelang es den Quraisch beispielsweise, die Muslime daran zu hindern, ihre jährliche Pilgerfahrt zur Kaaba zu vollziehen. Dieser Vertrag beinhaltete die Abmachung, dass die Muslime in jenem Jahr nicht nach Mekka pilgern und erst wieder im darauf folgenden Jahr die *umra*, also die „kleine Pilgerfahrt", unternehmen durften.

All diese Ereignisse spricht der Koran an, oder er spielt auf sie an, und wir müssen die entsprechenden Aussagen im Lichte dieses historischen Kontextes lesen. Diese neue Gemeinschaft brauchte finanzielle Mittel, die Mitglieder mussten kämpfen, also mussten sie dazu motiviert werden. Allerdings sträubten sich Mohammeds Anhänger gegen den Gedanken, in den Kampf zu ziehen. Vor allem wollten sie nicht in den traditionellen drei heiligen Monaten kämpfen, weil das gegen die bisherigen Regeln verstieß. In der zweiten Sure finden wir diesen Konflikt wieder:

217. Und sie fragen dich nach dem heiligen Monat, nach dem Kampf in ihm. Sprich: Der Kampf in ihm ist schwerwiegend; aber (die Menschen) vom Wege Gottes abweisen, an Ihn nicht glauben, den Zugang zur heiligen Moschee verwehren und deren Anwohner daraus vertreiben, (all das) wiegt bei Gott schwerer.

Jedes Mal, wenn man dieser Formulierung „Sie fragen dich ..." begegnet, hat man wieder ein Stück eines ganz konkreten Dialogs vorliegen. Nach den Regeln der alten Stammesgesellschaft galt die Loyalität eines jeden nur seinem Stamm; mit diesem und für diesen hatte er im Zweifelsfall zu kämpfen. Gegen Mitglieder des eigenen Stammes zu kämpfen, war daher undenkbar. Der Islam aber begründete im Arabien des frühen 7. Jahrhunderts eine neue Form von Gemeinschaft, die die Grenzen der Stämme überschritt und hinter sich ließ. Nicht ganze Stämme traten dem neuen Glauben bei, sondern einzelne Individuen, von denen viele dann bei der Hidschra ihre Familie verließen.

So kam es, dass die frühen Muslime bisweilen auch gegen Angehörige ihrer eigenen Stämme kämpfen mussten. Das erklärt vielleicht auch die starke Sprache des Korans, was die Aufforderung zum Kampf angeht: Es kostete die frühen Muslime ungeheure Überwindung, gegen ihren eigenen Stamm anzutreten, und der Koran musste entsprechende Überzeugungskraft aufbieten. Die frühen Muslime wollten ihre Waffen nicht gegen Angehörige des eigenen Stammes erheben, es versetzte die Individuen in erhebliche Konflikte. Und diese Spannung könnte erklären, warum der Koran bisweilen zum Kämpfen überreden will wie zum Beispiel in der vierten Sure:

75. Was hindert euch daran, zu kämpfen auf dem Weg Gottes und für diejenigen unter den Männern, den Frauen und den Kindern, die wie Schwache behandelt werden und die sagen: „Mein Herr, führe uns aus dieser Stadt hinaus, deren Einwohner Unrecht tun, und bestelle uns von Dir her einen Freund, und bestelle uns von Dir her einen Helfer." 76. Diejenigen, die glauben, kämpfen auf dem Weg Gottes. Und diejenigen, die ungläubig sind, kämpfen auf dem Weg der Götzen. So kämpft gegen die Freunde des Satans. Die List des Satans ist schwach. 77. Hast du nicht auf jene geschaut, zu denen gesagt wurde: „Haltet eure Hände zurück und verrichtet das Gebet und entrichtet die Abgabe?" Als ihnen dann der Kampf vorgeschrieben wurde, hatte plötzlich ein Teil von ihnen eine solche Furcht vor den Menschen wie die Furcht vor Gott oder eine noch stärkere Furcht. Und sie sagten: „Unser Herr, warum hast Du uns den Kampf vorgeschrieben? Hättest Du uns doch für eine kurze Frist zurückgestellt!" Sprich: „Die Nutznießung des Diesseits ist gering, und das Jenseits ist besser für den, der gottesfürchtig ist. Und euch wird nicht ein Dattelfädchen Unrecht getan."

Dass die frühen Muslime so ungern kämpfen wollten, hatte verschiedene Gründe: Der eine ist vermutlich, dass sie dabei gegen Mitglieder ihres eigenen Stammes kämpfen mussten. Nach der alten Stammesethik war dies nicht erlaubt, man war vielmehr zur unbedingten Loyalität gegenüber dem Stamm verpflichtet, egal, ob dieser im Recht oder im Unrecht war; dieses Prinzip änderte sich erst mit den moralischen und ethischen Werten der neuen Religion.

Der zweite Grund mag gewesen sein, dass die neu zum Islam Bekehrten noch nicht recht zu fassen vermochten, dass sie von nun an eine neue Gemeinschaft bildeten, die ihre Grenzen und Interessen definieren und verteidigen musste. Dieser Paradigmenwechsel – von einer Minderheit in Mekka zu einer vergleichsweise starken Gemeinschaft in Medina – war nicht einfach nachzuvollziehen, und manche Muslime brauchten etwas länger, bis sie die neue Situation erfassten.

Zum dritten ließe sich annehmen, dass diese neu Bekehrten die spirituellen und moralischen Werte wie Geduld, Vergebung, Toleranz und Selbstbescheidung, also die Werte der mekkanischen Zeit, bereits verinnerlicht hatten. Und nun ergeht an sie ein Aufruf wie in Sure 2:

> 216. Vorgeschrieben ist euch der Kampf, obwohl er euch zuwider ist. Aber vielleicht ist euch etwas zuwider, während es gut für euch ist. Und vielleicht liebt ihr etwas, während es schlecht für euch ist. Und Gott weiß, aber ihr wisst nicht Bescheid.

Auf uns heute wirkt das zunächst irritierend; wenn man aber den Kontext kennt, versteht man diese vermeintliche Kampfeslust besser. Die Sprache geht in den inneren Konflikt der Menschen hinein, versucht, ihn in eine bestimmte Richtung hin aufzulösen. Die Leute fragen Mohammed, wie sie sich verhalten sollen, sie äußern ihre Zweifel und Bedenken, und wieder tritt der Koran in einen Dialog und beantwortet die Fragen der Gemeinschaft.

Dass das Göttliche hier klar auf Seiten der Muslime steht, darf uns nicht verwundern. Die Bindung einer neuen Glaubensgemeinschaft an ihren Gott und umgekehrt dessen besondere, bisweilen sogar exklusive Fürsorge für genau diese Gruppe von Menschen gehört essenziell zu jeder religiösen Erzählung. Und so beschützt das Göttliche auch hier seine Gemeinschaft und ist „parteiisch", wenn es um die Auseinandersetzungen mit den Ungläubigen geht; wir können nicht erwarten, dass es in dieser Situation neutral bliebe.

Damit kein verzerrtes Bild entsteht, möchte ich kurz hinzufügen: Auch Mohammed hat, wo es ging, friedliche Lösungen vorgezogen; dem Vertrag von Hudaibiya ging eine gänzlich unbewaffnete Pilgerfahrt der Muslime voraus, die damit das Risiko eingingen, im wehrlosen Zustand angegriffen zu werden. Aber der Vorsatz dieses Buches ist ja, sich nicht auf Rechtfertigungsversuche einzulassen, sondern zu erklären und an historischem und philologischem Wissen beizusteuern, was für das Verständnis der Koranverse notwendig ist. Und es sind nun einmal vor allem die Verse, die vom Kampf handeln, die erklärungsbedürftig sind und oft missverstanden werden, von Islamophoben wie von selbst ernannten „Fundamentalisten" – daher die Ausführlichkeit, mit der ich mich ihnen hier, sogar in einem eigenen Kapitel, widme.

Ich hoffe damit gezeigt zu haben, dass diese Verse konkrete Antworten auf Konflikte sind, die die muslimische Gemeinde damals bewegten. Wenn wir diese Verse heute lesen, können wir uns fragen: Erwartet Gott etwa von uns, dass wir Aggressivität in die Welt tragen? Was für eine Art von Vergnügen soll das dem Göttlichen bereiten? Nein, für uns gilt die Verpflichtung zur Friedfertigkeit.

Nur in Situationen der Selbstverteidigung ist das heute wie damals etwas anderes; das aber hat nichts mit Theologie zu tun, sondern mit Menschenrechten. Die Menschenrechte erlauben es einem unterdrückten Volk, sich notfalls auch gewaltsam zu verteidigen. Leider wurde diese moralische Problematik immer wieder in ein theologisches Kleid gehüllt und erscheint daher in einem völlig verzerrten Licht. Denn die Frage, ob die Anwendung von Gewalt bis hin zur Tötung des Gegners erlaubt ist, ist keine theologische, sondern eine moralische und politische Frage. Und die Antwort lautet: Ja, wenn jemandem überhaupt keine anderen Mittel zur Verfügung stehen, um seine Gemeinschaft zu verteidigen, dann ist die Anwendung von Gewalt erlaubt. Aus dieser Beurteilung, wann der Einsatz von Gewalt gerechtfertigt ist und wann nicht, sollten wir die Theologie herauslassen, sondern uns stattdessen die reale politische Situation anzusehen.

Ich bin der Diskussionen müde, bei denen versucht wird, all das in einem theologischen Licht zu sehen! Und damit meine ich beide Seiten. Die Muslime, die den Koran dafür heranziehen, wenn sie kämpfen, genau wie diejenigen, die fragen: Erlaubt der Islam solch einen Krieg? Ja, der Islam erlaubt Selbstverteidigung. Aber eben nicht nur der Islam, sondern jedes universal denkende Menschenrecht.

Unglückliche historische Umstände haben dazu geführt, dass Juden und Muslime heute im Nahen Osten in eine solche Dynamik des gegenseitigen Angriffs und der Verteidigung verstrickt sind. Daraus darf man aber nicht folgern, dass es eine grundsätzliche Feindschaft zwischen den Angehörigen dieser beiden Religionen gibt. Weder historisch noch logisch sind die heutigen Konflikte eine Verlängerung der Auseinandersetzungen, die Mohammeds Gemeinde beschäftigt haben. Und so muss man auch die Koranverse, in denen von den Juden die Rede ist, strikt auf die damalige Situation der frühen muslimischen Gemeinde und die damaligen jüdischen Stämme in Medina beziehen.

In Mekka selbst hatte es keine Juden gegeben, wohl aber waren über Reisende und Handelsverbindungen Inhalte des Alten Testaments und des jüdischen Glaubens bekannt, auf die im Koran wiederholt Bezug genommen wird. Solche Erzählungen über die Propheten des Alten Testaments finden wir nicht erst in den späteren medinensischen, sondern bereits in den in Mekka offenbarten Suren.

In Medina wiederum lebten mehrere jüdische Stämme; es waren Araber, die schon vor mehreren Generationen zum Judentum übergetreten waren. Von diesen Stämmen erhoffte sich Mohammed Unterstützung, weil er seinem Verständnis nach eine der jüdischen Religion ähnliche Botschaft brachte, nämlich die des Monotheismus. Zudem betonte der Koran in frühen Suren immer wieder die Kontinuität von Mohammeds Botschaft mit der der früheren Propheten.

Mohammed nahm daher nicht nur an, dass die Juden Medinas seiner Gemeinschaft keine Vorbehalte entgegenbringen würden, er hoffte sogar, dass sie ihr beitreten würden. Im Verhalten der muslimischen Gemeinschaft in den ersten Monaten nach der Hidschra finden sich viele Signale an die Adresse der Juden, die zu einer solchen Kooperation einladen sollten. Beispielsweise beteten die Muslime anfangs in Richtung Jerusalem. Dass man sich beim Gebet an die Richtung einer „erwählten Stadt" hielt, war eine alte semitische Tradition, die sich bereits im ersten Buch der Könige findet (1. Könige, 8, 44). Wie das Buch Daniel, Kapitel 6, Vers 10 zu berichten weiß, soll sich der Prophet Daniel in Richtung Jerusalems zum Gebet niedergekniet haben. Diese Gebetsrichtung gilt im Judentum bis heute, und die muslimische Gemeinschaft hielt es in den ersten Monaten in Medina genauso.

Auch das Fasten der Muslime im Ramadan ist Erbe dieser frühen Begegnung mit den Juden. Als Mohammeds Gemeinde Medina erreichte, feierten die Juden gerade Jom Kippur, den höchsten Feiertag ihres religiösen Jahres. Es ist ein Tag des Fastens, an dem weder Nahrung noch Wasser zu sich genommen werden und die Beschäftigung mit religiösen Texten und Gedanken im Vordergrund steht. Die Muslime übernahmen diese Art spiritueller Praxis für den Ramadan. Die Halacha, das jüdische Recht, wurde in Form der Scharia als ethisches Grundgerüst des Islam übernommen, ebenso wie viele konkrete Verbote und Weisungen, von denen Speisevorschriften und die Beschneidung der Jungen die bekanntesten sind.

Ein weiteres bedeutendes Signal an die Juden erging in Form der zahlreichen Bezugnahmen auf Moses im Koran als einem früheren Gesandten Gottes und als zentrale Figur der Geschichte der Israeliten. Der Name Moses fällt im Koran 176 Mal, der von Noah immerhin 47 Mal. Die für den Islam ebenfalls wichtigen Gesandten Jesus und Adam werden hingegen nur 28 respektive 25 Mal erwähnt. Laut dem Koran hatte Moses Mohammeds Erscheinen als der „des Lesens und Schreibens unkundige Prophet" (Sure 7:157) bereits angekündigt. Unter anderen betont die Sure 46 noch einmal explizit, dass Mohammeds Botschaft von der Moses nicht abweicht, sondern sie wiederholt und bestätigt:

12. Aber vor ihm (Mohammed) gab es das Buch Moses, eine Richtschnur und eine Barmherzigkeit. Und dies (der Koran) ist ein Buch, das es (die Thora) in arabischer Sprache bestätigt, um die Übeltäter zu warnen und als frohe Botschaft für die Rechtschaffenen.

Daher war es nur logisch, dass der Koran Mohammed in der bereits an früherer Stelle zitierten zehnten Sure empfiehlt, zur Bestätigung des ihm Geoffenbarten das Volk des Buches zu befragen:

94. Und wenn du über das, was Wir zu dir hinabsandten, im Zweifel bist, dann frage diejenigen, welche die Schrift vor dir lasen. Wahrlich, zu dir ist die Wahrheit von deinem Herrn gekommen, darum sei kein Zweifler.

Es handelt sich hier um Offenbarungen aus früher, aus mekka-
nischer Zeit, die noch keine jüdische Zuhörerschaft implizieren
konnten. Wenn der Koran hier die Kontinuität von Mohammeds Botschaft mit der von Moses betont, geschieht dies also
nicht aus strategischen Gründen, sondern aus dem Gefühl einer
tief verankerten theologischen und historischen Gemeinsamkeit.

Umso weniger war Mohammed auf das vorbereitet, was
nun in Medina geschah; und es waren keine theologischen
Differenzen, die den Bruch zwischen beiden Glaubensgemein-
schaften begründeten, den wir nach ein, zwei Jahren in Medina beobachten können. Ein äußeres Anzeichen von muslimischer Seite ist die Änderung der Gebetsrichtung von
Jerusalem hin zur Kaaba in Mekka 16 oder 17 Monate nach
der Hidschra. Dies ist ein entscheidender Wendepunkt, an
dem die Hoffnung auf eine Kooperation mit den Juden auf-
gegeben und die Trennung zwischen beiden Gemeinschaften
deutlich markiert wird. Wenn wir die entsprechende Koranstelle in der zweiten Sure dazu lesen, wird uns Mohammed
hier als jemand gezeigt, der persönlich tief enttäuscht ist:

144. Wir sehen, wie du dein Gesicht zum Himmel hin und
her richtest. So werden Wir dir eine Gebetsrichtung festlegen, mit der du zufrieden sein wirst. Wende also dein Gesicht in Richtung der heiligen Moschee (die Kaaba in Mekka). Und wo immer ihr seid, wendet euer Gesicht in ihre
Richtung ... 145. Du magst zu denen, denen das Buch zu-
gekommen ist (den Juden), mit jedem Zeichen kommen, sie
werden deiner Gebetsrichtung nicht folgen. Und auch du
wirst ihrer Gebetsrichtung nicht folgen ... Keiner von ihnen
wird der Gebetsrichtung der anderen folgen. Und wenn du
ihren Neigungen folgst nach dem, was an Wissen zu dir gekommen ist, gehörst du gewiss zu denen, die Unrecht tun.

Was also war geschehen? Zum einen hatten die Juden Mohammed nicht als Gesandten Gottes akzeptiert, sie verspotteten ihn und machten abfällige Bemerkungen über den aus ihrer Sicht nur vermeintlichen Prozess der Offenbarung und den Engel Gabriel. Zum anderen spielten sie in politischer Hinsicht ein doppeltes Spiel; manchmal schienen sie auf seiner Seite zu stehen, dann wieder schienen sie sich mit Mohammeds Feinden zu verbünden. Wenn der Koran also über die Scheinheiligen spricht, spielt er auf dieses Verhalten der medinensischen Juden an, die sich anders verhielten, als sie vorgaben.

Überhaupt lässt sich erkennen, dass der Tonfall des Korans härter, entschlossener wird, nachdem Mohammed und seine Gemeinde in ihrer ersten Schlacht, der Schlacht von Badr, siegreich gewesen waren. Sie hatten hier nicht gegen die Juden, sondern gegen ihre mekkanischen Feinde gekämpft; aber aus diesem Sieg bezogen sie ein gewisses Selbstbewusstsein, eine Bestätigung ihrer selbst als mächtige religiöse und politische Gemeinschaft. Auch die Kommentare über die Juden werden härter, bis hin zu den Stellen, wo die Juden geradezu verflucht werden und wo einigen von ihnen vorgeworfen wird, von der Botschaft der Heiligen Schrift abgefallen zu sein oder sie sogar verfälscht zu haben. In der fünften Sure beispielsweise heißt es:

13. Weil sie (die Kinder Israels) aber ihre Verpflichtung brachen, haben Wir sie verflucht und ihre Herzen verstockt gemacht. Sie entstellten den Sinn der Worte. Und sie vergaßen einen Teil von dem, womit sie ermahnt worden waren. Und du wirst immer wieder Verrat von ihrer Seite erfahren – bis auf wenige von ihnen. Aber verzeih ihnen und lass es ihnen nach. Gott liebt die Rechtschaffenen.

Dass sich einige der jüdischen Stämme mit Mohammeds Feinden, den Quraisch aus Mekka, verbündet hatten, bedeutet laut den islamischen Quellen eine Verletzung der Vereinbarung, auf deren Grundlage Mohammed nach Medina gekommen war. In dem der Hidschra vorausgegangenen Vertrag hatten die Medinenser Mohammed zugesagt, dass sie ihn und seine Gemeinde im Falle eines Angriffs von außerhalb verteidigen würden wie einen der ihren.

Im Umgang mit diesen Berichten müssen wir allerdings sehr vorsichtig sein, denn es gibt zu viele polemische Lesarten. Muslimische Interpreten würden hier gern den Juden alle Schuld zuweisen, und westliche Gelehrten, insofern sie das Vorurteil hegen, Mohammed sei eine gewalttätige Person gewesen, sehen nur zu gern bei ihm alle Schuld.

Am nächsten kommt man der Wahrheit wohl, wenn man sich die tatsächlichen Kräfteverhältnisse zwischen beiden Gruppen sowie ihre jeweiligen Interessen anschaut: Mohammed und seine Gemeinde kamen als Fremde nach Medina, als ein weiterer Stamm unter vielen. Dann gewannen sie sichtlich an Kraft und Autorität, und den Juden, die bis dahin eine einflussreiche Rolle in Medina gespielt hatten, gefiel dieses Erstarken nicht. Sie versuchten möglicherweise, andere Allianzen einzugehen, um Mohammeds Position zu schwächen.

Im Übrigen waren die Juden nicht die einzigen, die Mohammeds Aufstieg in Medina mit Unbehagen betrachteten. Das ursprüngliche Abkommen mit den Medinensern, in dem Mohammed ja eine Art Vermittlerrolle zwischen den beiden mächtigsten Stämmen von Medina spielen sollte, schuf Mohammed ohnehin von Anfang an auch zahlreiche Feinde: all diejenigen nämlich, die ihrerseits den Ehrgeiz hatten, die Herrschaft über die Stadt zu gewinnen.

Wenn wir uns dem Koran nicht historisch nähern, kann es uns passieren, dass wir irrtümlicherweise bei den Stellen hängen bleiben, in denen der Kampf gutgeheißen wird, und dass wir die anderen Stellen, die die Menschen zu friedfertigem Miteinander aufrufen, nicht oder zu wenig zur Kenntnis nehmen. Wir müssen diese beiden Dimensionen, die im Koran auftauchen, nebeneinander stellen und beide richtig gewichten: bei den einen den konkreten historischen Kontext verstehen und bei den anderen die normative Aufforderung dahinter erkennen. Wir werden sehen, dass diese Unterscheidung ganz zentral ist – auch bei anderen Fragen sozialer und politischer Gerechtigkeit, die im Koran angesprochen sind. Wir sollen ja nicht dem Wortlaut des Korans folgen, sondern versuchen herauszufinden, was in einem tieferen Sinne gemeint ist. Der Unterschied zwischen dem Gesagten und Gemeinten ist hier ausschlaggebend, und wir müssen lernen, auf das Eigentliche hinter dem Wortlaut zu achten.

Wenn wir nach der grundsätzlichen, normativen Haltung zum Kämpfen und Töten fragen, werden wir feststellen, dass das menschliche Leben natürlich auch im Koran einen unschätzbar hohen Wert zugemessen bekommt – so wie in allen uns bekannten Religionen und säkularen ethischen Ideengebäuden auch. Kämpfen oder töten ist die Ausnahme. Im Allgemeinen wird das Töten als etwas so Furchtbares verstanden, dass es in Sure 5 – die hier übrigens die ethische Aufforderung an die Muslime in die Tradition der historisch früheren Offenbarungen an die Juden einreiht – heißt:

32. Aus diesem Grund haben Wir den Kindern Israels angeordnet, dass, wer einen Menschen tötet, ohne dass dieser einen Mord begangen oder Unheil im Land angerichtet hat, wie einer sein soll, der die ganze Menschheit ermordet hat. Und wer ein Leben erhält, soll sein, als hätte er die ganze Menschheit am Leben erhalten …

Ich glaube sogar, dass sich das Wort „Muslim", wie es im Koran verwendet wird, dort nicht auf die Gefolgsleute Mohammeds bezieht, sondern vielmehr eine allgemeinere Kategorie von Gläubigen bezeichnen soll, nämlich all diejenigen, die an den Einen Gott glauben und sich entsprechend verhalten. Muslim ist übersetzt „derjenige, der sich (dem Willen Gottes) unterwirft". Die Anhänger Mohammeds werden „die Gläubigen" (*mu'minun*) genannt, und manchmal kommen mir Zweifel, ob das Wort Muslime (*muslimun*) bereits zu Anfang auf die Anhänger Mohammeds bezogen wurde. Vermutlich wurden sie erst später so bezeichnet, vielleicht ab dem 8. Jahrhundert. Denn einige Dokumente aus dem 8. Jahrhundert, insbesondere Berichte von Christen, sprechen nicht von Muslimen, wenn sie von den Anhängern Mohammeds sprechen, sondern bezeichnen sie als Ismaeliten oder Sarazenen. Das könnte ein Indiz dafür sein, dass die Muslime sich damals noch gar nicht als solche bezeichneten, sondern das Konzept „Muslim" über die Anhänger Mohammeds hinaus auch die von Jesus und Moses umfasste. Das hieße, dass die Kategorie „Muslim" zunächst inklusiv war, nicht exklusiv.

11. Gleichheit oder Hierarchie? – Das Verhältnis der Geschlechter

Die beiden Dimensionen des Historisch-Situativen einerseits und des Normativen andererseits tauchen auch bei einem anderen Thema auf, bei dem der Koran zu unseren modernen Vorstellungen nicht recht zu „passen" scheint: bei den die Frauen betreffenden Regelungen und allgemein der Frage der Geschlechtergleichheit.

Die zweite, normative Dimension im Koran kann man auch als religiös-spirituelle Ebene bezeichnen; auf dieser Ebene findet man alle Werte, die ihre Gültigkeit bis heute erhalten haben und die wir für unser Leben benötigen. In ihnen klingt ein fast neuzeitlich anmutender moderner Universalismus oder Humanismus an wie in Sure 49:

> 13. O ihr Menschen! Wir erschufen euch aus einem Mann und einer Frau und machten euch zu Völkern und Stämmen, damit ihr einander kennen lernt …

Die Verschiedenheit der Menschen und ihre Teilung in zwei Geschlechter ist demnach göttlicher Weisheit geschuldet, so wie laut der 30. Sure auch die verschiedenen Sprachen und Hautfarben zu Gottes Zeichen zählen:

30:22

> 22. Zu Seinen Zeichen gehört auch die Schöpfung der Himmel und der Erde und die Verschiedenartigkeit eurer Sprachen und eurer Hautfarben. Darin sind fürwahr Zeichen für die Wissenden.

Über diese Unterschiede hinaus, ja gerade auf den Anreiz dieser Unterschiede hin sollen Menschen aufeinander zugehen, miteinander kommunizieren und „voneinander lernen". Hier sind überzeitliche Normen angesprochen, Aussagen, die über jeden Kontext hinaus Bestand haben.

Neben dieser religiös-spirituellen Ebene des Korans gibt es aber auch noch die erwähnte sozio-historische. Hier werden gesellschaftliche Verhältnisse der damaligen Zeit aufgegriffen, teilweise kritisiert, adaptiert oder auch bestätigt. Heute reiben wir uns an Stellen, mit denen eine solche Affirmation damaliger gesellschaftlicher Verhältnisse ausgesprochen wird. Aber man darf nun einmal nicht erwarten, dass eine göttliche Botschaft, wenn sie von ihren Hörern akzeptiert werden will, die gesamte soziale Ordnung auf den Kopf stellt. Die religiöse Botschaft, nach der die Araber aufhören sollten, ihre Stammesgottheiten zu verehren, und stattdessen einem einzigen Gott dienen sollten, war schon Erschütterung genug. Und wir werden sehen, dass auch die ethischen Botschaften des Korans noch genügend Zumutungen für die Araber des 7. Jahrhunderts bereit hielten. Zu erwarten, dass eine göttliche Botschaft aus dem 7. Jahrhundert mit unserem heutigen Verständnis von Gleichheit übereinstimmt, wäre einfach absurd.

Auf der sozio-historischen Ebene des Korans begegnen wir einer Gesellschaft, die stark nach Klassen unterscheidet, die die Menschen in Sklaven und Freie unterteilt und in der es große Unterschiede zwischen den Geschlechtern gibt. Der Koran unterstützt dieses System verschiedener Hierarchien nicht gänzlich, sondern versucht, an einigen Stellen Änderungen einzuführen. Aber eben nur an einigen – er versucht nicht, alles völlig umzuwerfen. Der Koran strebt sozusagen eher eine Reform an als eine Revolution, wobei ich diesen Kontrast immer etwas irreführend finde, denn sogar eine Revolution hat die Verhältnisse zu berücksichtigen, in der sie stattfindet.

Einige Beispiele sollen helfen, diese beiden Dimensionen zu veranschaulichen. Auf der Ebene des Religiösen macht der Koran keinerlei Unterschiede zwischen den Geschlechtern, es herrscht absolute Gleichheit. An unzähligen Stellen wird sogar explizit erwähnt, dass für alle Menschen dieselbe Aufforderung gilt, „ob für Männer oder für Frauen": was den Aufruf zum Glauben angeht, die Freiheit der Glaubensentscheidung und am Jüngsten Tag entsprechend Belohnung und Strafe.

Auf der sozialen Ebene allerdings, in Bezug auf Eheschließung, Scheidung und das Verhalten gegenüber „widerspenstigen" Ehefrauen, ist das etwas anderes. Wie andere soziale und politische Themen tauchen auch diese Fragen im Koran auf, und es wird ersichtlich: In der sozialen Realität herrscht keine Gleichheit.

Das heißt allerdings nicht, dass es hier keine ethischen Maßstäbe gäbe oder der Koran nicht versuchen würde, diese zu verschieben. Der Koran führt diverse kleine Veränderungen ein oder erlegt gängigen Praktiken strengere Auflagen auf. Die Polygamie zum Beispiel wurde ja nicht erst vom Koran etabliert, sondern es gab sie schon zuvor. Sie wird im Koran benutzt, um bestimmte soziale Probleme zu lösen, nämlich die der Waisen. Es gibt im Koran nur eine Stelle, an der die Mehrehe erwähnt und gutgeheißen wird. Sie findet sich in der vierten Sure:

> 3. Und wenn ihr fürchtet, sonst den Waisen nicht gerecht werden zu können, nehmt euch als Frauen, was euch gut erscheint, zwei oder drei oder vier. Doch wenn ihr fürchtet, ihnen nicht gerecht werden zu können, heiratet nur eine oder diejenigen, die ihr von Rechts wegen besitzt. Dies schützt euch eher vor Ungerechtigkeit.

Wenn man sich diesen Vers genauer anschaut, merkt man: Im Vordergrund steht hier gar nicht der Wunsch des Mannes nach Polygamie, sondern die Notlage der Waisen. Wenn du der Waise *ansonsten* Unrecht tun müsstest, dann ist dir erlaubt, sie zu heiraten. Diese Interpretation bestätigt sich auch, wenn man den vorausgehenden Vers dazu nimmt, der sich ebenfalls mit dem Wohl der Waisen und den Verpflichtungen ihnen gegenüber befasst:

> 2. Und gebt den Waisen ihr Vermögen und tauscht nicht (euer) Schlechtes gegen (ihr) Gutes ein und schlagt nicht ihren Besitz dem eurigen zu; siehe, das ist ein großes Verbrechen.

Nur wenn wir diesen Kontext unterschlagen, können wir behaupten, dass der Koran die Mehrehe gleichsam propagiere.

In der Erbschaftsfrage folgt der Koran einerseits dem patrilinearen System der Blutsverwandtschaft, in dem also die Blutsverwandtschaft mit der männlichen Linie über den Erbteil entscheidet, und fügt den Regelungen andererseits etwas ganz Neues hinzu. Vor dem Islam hatten die arabischen Frauen überhaupt kein Recht auf einen Anteil vom Erbe. Der Koran spricht den Frauen nun die Hälfte des Erbes zu, das Männern zusteht, unter anderem nochmals in derselben (vierten) Sure:

> 11. Gott trägt euch in Bezug auf eure Kinder (Folgendes) auf: Einem männlichen Kind steht so viel wie der Anteil von zwei weiblichen zu …

Wenn man diese Stelle sorgfältig liest, fällt auf, dass Gott befiehlt, für einen Mann zwei Teile von dem zu geben, was der Frau zusteht – nicht etwa umgekehrt. Bis dahin musste der männliche Teil gar nicht definiert werden, sondern der Mann bekam einfach alles. Nun aber definiert die linguistische Struktur dieser Stelle den männlichen Anteil über den der Frau. Der Anteil der Frau bildet die Berechnungsgrundlage für das, was dem Mann zukommt, nicht umgekehrt. Der Koran institutionalisiert hier den Erbteil der Frau gewissermaßen unter der Hand, indem er ihn wie selbstverständlich zum Maßstab nimmt.

Der Koran halbiert also nicht den Anteil der Frau, sondern er begrenzt den des Mannes und ordnet an: Ein Mann erhält den doppelten Teil dessen, was die Frau erhält – aber nicht mehr! Das sind linguistische Feinheiten, die einem erst bei genauer Lektüre auffallen, die uns aber die Richtung anzeigen, in die uns der Koran führen will. Solche Details helfen uns, das koranische Verständnis von Gerechtigkeit zu erkennen.

Wir dürfen, wie gesagt, nicht erwarten, dass die koranische Darstellung unserem heutigen Verständnis von Geschlechtergerechtigkeit entspricht. Aber wir können schauen: Was für ein System etabliert er, gemessen an der Realität des 7. Jahrhunderts? Und aus der Überlieferung wissen wir, dass das Neuartige solcher Gesetze den Zeitgenossen durchaus auffiel, dass es nämlich gegen diese Regelung des weiblichen Erbteils sehr wohl Proteste gab. Das Recht der Frau auf ein Erbteil war eine Neuerung, die nicht allen gefallen hat. Unzufriedene Muslime haben Mohammed gefragt, wieso sie den Frauen denn etwas abgeben sollen, wenn Frauen doch gar keine ökonomischen Verpflichtungen hatten und auch nicht kämpfen mussten, wie uns Korankommentatoren zum Kontext dieser Stelle erklären. Die Einführung des weiblichen Erbteils änderte etwas an dem bisherigen System.

Leider ging diese koranische Botschaft im Laufe der Jahrhunderte unter, und das vermutlich nicht zufällig. Es war bereits kurz davon die Rede, dass die islamischen Rechtsgelehrten des Mittelalters die Grausamkeit der koranischen Strafen bei

Vergehen wie zum Beispiel Unzucht, Ehebruch und Diebstahl sehr wohl erkannten und das ihnen Mögliche taten, um die Anwendung solcher Strafen mit strengen Auflagen zu versehen, die diese selten bis nie zur Anwendung kommen lassen sollten. Sie erkannten, dass der tiefere Sinn des Korans hier nicht in der möglichst drastischen Strafe lag.

Im Falle der Behandlung der Frauen allerdings versuchten sie, die emanzipatorischen Konsequenzen der koranischen Botschaft eher herunterzuspielen. Sie nahmen die reformerischen Impulse nicht auf, sondern zementierten im Gegenteil die Ungleichheit der Geschlechter, wo es nur ging. Hier erwies sich die soziale Ordnung mit ihren bestehenden Hierarchien auf Dauer als stärker als der Koran. Wenn man zum Beispiel das Bild der Ehe im Koran mit der Bedeutung der Eheschließung im islamischen Recht vergleicht, ist man frappiert, wie weit sich die rechtlichen Bestimmungen vom koranischen Ideal entfernt haben. In der 30. Sure heißt es:

> 21. Zu Seinen Zeichen gehört auch, dass Er euch Gattinnen aus euch selbst schuf, damit ihr bei ihnen ruht. Und Er hat zwischen euch Liebe und Barmherzigkeit gesetzt. Darin sind fürwahr Zeichen für nachdenkliche Leute.

Bei der Erschaffung zweier Geschlechter geht es also um die Seele, um Zuneigung und um Gegenseitigkeit. Dort ist nicht von Benutzung und Gehorsam die Rede, sondern von Liebe und Barmherzigkeit. Diese Komponenten gingen im islamischen Recht völlig unter. Von den Juristen wurde die Eheschließung vielmehr als ein Vertrag über Kaufen und Verkaufen aufgefasst, und es ist kein Wunder, dass dies innerhalb einer patriarchalen Gesellschaft zu Lasten der Frauen ging. Man kann daran ersehen, welchen sozialen Interessen die Rechtsprechung folgte und diente.

Wenn wir mit dem Koran richtig kommunizieren, sehen wir, dass das Ideal der Gleichheit zwar noch nicht realisiert, aber im Ansatz schon enthalten ist, und können dieses Ideal über das Bestehende hinaus weiter entwickeln. Die islamische Rechtsprechung jedoch hat über diese Dinge hinweg gelesen und es versäumt, den vom Koran eingeschlagenen Weg weiter zu verfolgen.

Bei anderen Themen hat man, wie gesagt, sorgfältiger hingeschaut und interpretiert, im Falle der Sklaverei zum Beispiel. Im Koran wird Sklaverei mehrfach erwähnt. Es wird deutlich, dass sie nicht besonders gern gesehen und das Freilassen eines Sklaven belohnt wird; doch der Koran verurteilt die Sklaverei nicht im Ganzen.

Kein Mensch würde daraus folgern, dass wir wieder zur Sklaverei zurückkehren sollten, um so zu leben wie die Muslime im 7. Jahrhundert. Niemand versteht den Koran so, dass er von uns verlangt, an der Sklaverei festzuhalten oder sie wiedereinzuführen. Längst sind die reformerischen Intentionen der koranischen Urteile zur Sklaverei umgesetzt und die Ansprüche an die Freiheitsrechte aller Menschen noch viel weiter entwickelt – warum tun wir das dann nicht auch im Fall des Geschlechterverhältnisses? So wie wir die Sklavenhaltergesellschaft hinter uns gelassen haben, so hat sich auch in Bezug auf Frauen gesellschaftlich viel verändert, und es gibt keinen Grund anzunehmen, dass der Koran will, dass wir das Rad der Geschichte wieder zurückdrehen. Frauen haben inzwischen Zugang zur Bildung, Frauen haben hohe Positionen, sie werden Universitätsprofessorinnen, Ministerinnen, Ärztinnen und Ingenieurinnen. Ich frage mich manchmal, wie sich diese Konservativen und Ultra-Orthodoxen das eigentlich vorstellen. Frauen sind längst wichtige Teilhaberinnen am öffentlichen Leben geworden, und dennoch gibt es Kräfte, die versuchen, sie in das Korsett von Regelungen einer ganz anderen Zeit zurückzuzwängen, zurück zum Vorrang von Heim und Familie und zum Gehorsam gegenüber dem Ehemann!

Wir Muslime müssen uns hier entscheiden: Wollen wir uns von den sozio-historisch begründeten Regelungen beschränken lassen, die ihre Wurzeln im 7. Jahrhundert haben, oder folgen wir der Richtung, die im religiösen Bereich angegeben ist und die auf das Ideal der Gleichheit verweist? Wenn wir den historischen Formulierungen verhaftet bleiben, entwerten wir unsere Religion und bringen uns selbst um die weiter reichenden Einsichten und Ideen, die der Koran auf der normativen Ebene für uns bereit hält.

Denn neben den bereits zitierten Stellen zur Polygamie und zum weiblichen Erbteil gibt es im Koran eine Menge weiterer Hinweise, die in Richtung der Geschlechtergleichheit deuten. Ich nenne es Hinweise, weil diese Gleichheit nicht voll realisiert wird, sondern der Koran über das damals Bestehende in diese Richtung weist. Darüber hinaus finden wir solche Hinweise in den Regelungen zur Eheschließung und das Verbot, Frauen unter die eigene Vorherrschaft zu stellen, wenn man sich von ihnen scheiden lässt; ebenso finden wir im Koran das Verbot, einer Frau einen Ehemann aufzuzwingen. Diesen Fragen widmet sich die zweite Sure in mehreren Versen:

> 229. Der Scheidungsspruch ist zwei Mal erlaubt, dann aber müsst ihr sie in Güte behalten oder im Guten entlassen. Und es ist euch nicht erlaubt, etwas von dem, was ihr ihnen gegeben hattet (vom Brautgeld), zurückzunehmen, außer beide fürchteten, Gottes Gebote nicht halten zu können. Und wenn ihr fürchtet, dass beide Gottes Gebote nicht halten können, so begehen beide keine Sünde, wenn sie sich

mit etwas (von ihrem Brautgeld) zurückkauft. Dies sind Gottes Schranken; übertretet sie daher nicht. Und wer Gottes Schranken übertritt, das sind die Ungerechten. 230. Und wenn er die Scheidung (ein drittes Mal und unwiderruflich) ausspricht, ist sie ihm nicht mehr erlaubt, ehe sie nicht einen anderen Gatten geheiratet hat. Wenn dieser sie entlässt, so begehen sie keine Sünde, wenn sie wieder zueinander zurückkehren in der Annahme, Gottes Gebote erfüllen zu können. Dies sind die Schranken Gottes, die Er verständigen Leuten klar macht. 231. Und wenn ihr euch von eueren Frauen scheidet und ihre (Warte-)Frist ausläuft, dann haltet sie in Güte fest oder entlasst sie in Güte. Doch haltet sie nicht fest, um ihnen Schaden zuzufügen. Wer dies tut, sündigt wider sich selbst … 232. Wenn ihr euch von eueren Frauen scheidet und ihre (Warte-)Frist ausläuft, dann hindert sie nicht, (andere) Gatten zu heiraten, wenn sie sich in angemessener Weise geeinigt haben. Dies ist eine Mahnung für denjenigen unter euch, der an Gott glaubt und an den Jüngsten Tag. Dies ist das Lauterste und Reinste für euch. Und Gott weiß, doch ihr wisst nicht.

Ein im damaligen Arabien verbreitetes Verbrechen bestand darin, neugeborene Töchter lebendig zu begraben, um sich ihrer zu entledigen. Es wird von Sure 81 in das koranische Bild der Androhung des Jüngsten Tages aufgenommen:

5. Und wenn die wilden Tiere sich versammeln 6. und wenn die Meere überkochen 7. und wenn gleich zu gleich gesellt werden 8. und wenn das lebendig begrabene Mädchen gefragt wird, 9. um welcher Schuld willen es getötet wurde, 10. und wenn die Schriftrollen aufgerollt werden 11. und wenn das Firmament weggezogen wird.

Wir finden also auf beiden Ebenen des Korans eine Richtschnur für das Ideal der Gleichheit zwischen den Geschlechtern: Auf der religiösen Ebene ist diese Richtschnur direkt zu finden, sie wird explizit ausgesprochen; auf der sozialen Ebene geschieht dies indirekt, wenn man die Reglementierungen des Korans mit den damals üblichen Praktiken vergleicht. Darüber hinaus können wir uns an dem orientieren, was uns von Mohammed und seinem Verhalten überliefert ist. Erinnern wir uns zum Beispiel, was geschah, als Ali, der Ehemann von Mohammeds Tochter Fatima, eine zweite Frau heiraten wollte. Laut dem Koran war es ja erlaubt, aber Mohammed verweigerte Ali seine Zustimmung. Nun können wir uns also fragen, ob Mohammed etwa den Koran umgehen wollte – oder ob die Erlaubnis im Koran eben doch nicht automatisch bedeutete, dass eine Mehrehe immer eine gute Sache ist.

Als Vater hat Mohammed nicht zugestimmt, weil er annehmen musste, dass eine zweite Ehefrau an Alis Seite für seine Tochter Leid bedeuten würde. Und das ist wiederum ein Signal für uns, dass wir sagen können: Obwohl es im Koran erlaubt ist, beschließen wir, als Gemeinschaft, dass Polygamie doch verboten wird! Wenn wir es begründen können, dürfen wir über den Koran hinausgehen, es wurde von Anfang an gemacht. Wir haben all diese Hinweise, verschließen aber doch unsere Augen gegenüber dem, was wir von Mohammed und den frühen Muslimen lernen können.

Mohammed selbst ist, nach allem, was wir aus seinem privaten Leben wissen, nie gegen eine seiner Frauen auch nur laut geworden. Umgekehrt schon eher, einige Male haben sie ihn angeschrien. Was allerdings den Koran angeht, muss man einräumen: In der vierten Sure wird Gewalt in der Ehe erwähnt und erlaubt:

34. Die Männer haben Vollmacht und Verantwortung gegenüber den Frauen, weil Gott die einen vor den anderen bevorzugt hat und weil sie von ihrem Vermögen (für die Frauen) ausgeben. Die rechtschaffenen (Frauen) sind demütig ergeben und bewahren das, was geheim gehalten werden soll, da Gott (es) bewahrt. Ermahnt diejenigen, von denen ihr Widerspenstigkeit befürchtet, und entfernt euch von ihnen in den Schlafgemächern und schlagt sie. Wenn sie euch gehorchen, dann wendet nichts Weiteres gegen sie an. Gott ist erhaben und groß.

In diesem Vers ist das mit „haben Vollmacht und Verantwortung" wiedergegebene arabische Wort *qawwamuna*; und es ist keine unproblematische Übersetzung. Wenn es, wie von manchen behauptet, die Absicht dieses Verses wäre, die Überlegenheit des männlichen Geschlechts zu behaupten, wäre als Grund angegeben, „weil Gott die Männer vor den Frauen bevorzugt hat"; so aber lautet die Stelle nicht. Vielmehr heißt es „weil Gott *die einen vor den anderen* bevorzugt hat und weil sie von ihrem Vermögen ausgeben", ohne dass die Geschlechter dabei bestimmt werden. Deswegen muss ja in der obigen und in anderen üblichen Übersetzungen ergänzt werden, dass dieses Vermögen *für die Frauen* auszugeben ist.

Das ist das eine, was man bei der Auslegung dieser Stelle bedenken sollte. Zum zweiten wäre zu überlegen, was eigentlich gilt, wenn die Frau, nicht der Mann, das Einkommen der Familie erwirtschaftet, wie es heute oft der Fall ist: Lässt sich daraus dann die Überlegenheit der Frau folgern? Es scheint doch ziemlich klar, dass der Koran hier nicht Gottes Bevorzugung des männlichen Geschlechts vor dem weiblichen zum Ausdruck bringen will.

Als Drittes wäre, wenn diese Stelle etwas mit der Überlegenheit eines Geschlechts zu tun haben sollte, zu fragen, ob diese Überlegenheit hier normativ festgeschrieben werden soll oder nicht einfach nur eine Beobachtung zum sozialen Status, zum derzeitigen Stand der Dinge formuliert wäre.

Was den späteren Halbsatz „und entfernt euch von ihnen in den Schlafgemächern und schlagt sie" angeht, gibt es zwar Feministinnen, die das arabische Wort *daraba* so verstehen wollen, dass es nicht „schlagen", sondern „sich fernhalten" bedeutet; aber damit stimme ich nicht überein. *Daraba* ist korrekt mit schlagen zu übersetzen, nach diesem Vers ist es erlaubt, wenn auch nur in einem bestimmten Kontext. Man sieht an diesem Vers, dass er sich ganz offensichtlich an männliche Zuhörer richtet. Der Koran ist ein vornehmlich an Männer gewandter Text, einfach weil er in einer männlich dominierten Umgebung entstand. Wir sollten und dürfen hier nicht das Unmögliche erwarten. Das gilt nicht für alle Verse. Aber während die Geschlechter im Bereich des Religiösen gleichgestellt sind, ist der Koran in sozialen Fragen ein männerorientierter Text. Während sich die religiösen Instruktionen oft explizit an beide Geschlechter richten, werden Frauen im Kontext sozialer Regelungen selten selbst adressiert. Wenn, dann sind es meistens die Ehefrauen des Propheten, und die wiederum meistens in Fällen, in denen sie getadelt werden sollen.

Das ist es, was die aus Pakistan stammende Feministin Riffat Hassan (geb. 1943) meint, wenn sie sagt, im Koran herrsche Gleichheit vor Gott, und Ungleichheit in der Gesellschaft! Das ist eine sehr gute Beschreibung der koranischen Sprache. Und diese soziale Ungleichheit können wir dem Koran nicht vorwerfen, weil sie ihre Gründe in der Zeit hat, in der der koranische Dialog mit Mohammed und seiner Gemeinschaft begann; sondern wir müssen die religiöse Gleichheit in die soziale Realität verlängern, wenn wir es damit ernst meinen, der Botschaft des Korans zu folgen.

Neben diesen eher grundsätzlichen Fragen der Geschlechtergerechtigkeit ist die Verschleierung der Frau im Laufe des 20. Jahrhunderts und in den letzten Jahren zu einer vermeintlichen Schlüsselfrage in Sachen Emanzipation und muslimischer Identität geworden. Diese Entwicklung ist aus verschiedenen Gründen zu bedauern. Zunächst einmal glaube ich nicht, dass der Koran das Tragen eines Schleiers oder Kopftuchs vorschreibt. Was der Koran gebietet, sind Anstand und eine gewisse Schamhaftigkeit in der Präsentation des eigenen Körpers in der Öffentlichkeit. Dieses Gebot gilt aber nicht nur für Frauen, sondern auch für Männer, und damit ist kein bestimmter Dresscode verbunden. In denjenigen Koranstellen, die oft als Begründung für eine Pflicht zum Schleier genannt werden, werden Frauen, die ohnehin eine bestimmte Form von Kleidung tragen, aufgefordert, diese auf eine bestimmte Weise zu tragen, so wie in Sure 24:

> 31. Und sage den gläubigen Frauen, dass sie ihre Blicke senken und ihre Keuschheit wahren und ihre Reize nicht zur Schau stellen sollen, außer was (anständigerweise) sichtbar ist, und dass sie ihre Tücher über ihren Busen schlagen und ihre Reize nur ihren Ehegatten zeigen sollen oder ihren Vätern oder den Vätern ihrer Ehegatten oder ihren Söhnen …

Was hier zu Recht mit Tuch übersetzt ist, heißt im Arabischen *chimar*. Wenn es also heißt, dass diese Frauen den *chimar* über ihren Busen ziehen sollen, zeigt das, dass sie bereits einen *chimar* anhatten. Im Koran ist nicht gemeint, dass der *chimar* eine obligatorische islamische Kleidung werden sollte – Frauen trugen das damals.

Bei der zweiten Koranstelle, die im Zusammenhang mit der Verschleierung herangezogen wird, ist es dasselbe. In Sure 33 werden Frauen angesprochen, die einen *dschilbab*, eine Art Überwurf oder langen Mantel tragen:

> 59. O Prophet! Sage deinen Frauen und deinen Töchtern und den Frauen der Gläubigen, dass sie etwas von ihrem Übergewand über sich ziehen sollen. So werden sie eher erkannt und (daher) nicht belästigt ...

Der Koran ordnet das Herunterziehen des *dschilbab* an, damit die muslimischen Frauen nach außen hin erkennbar sein sollen. Es handelt sich sozusagen um ein Statussymbol, ein Unterscheidungsmerkmal zwischen freien und versklavten Frauen, denn Sklavinnen durften keinen *dschilbab* tragen. Diese zweite Koranstelle hat ihren Sinn also vor dem Hintergrund einer Gesellschaft, die zwischen Freien und Sklaven unterschied und in denen man Sklavinnen nach Belieben nachstellen durfte. Diese Art von Rechtlosigkeit gibt es in unseren modernen Gesellschaften zum Glück nicht mehr, und daher glaube ich vor dem Hintergrund dieser Analyse nicht, dass man von einer religiösen Pflicht, ein Kopftuch zu tragen, sprechen kann – schon gar nicht eine Burka oder die komplette Verhüllung, die schreckliche kulturelle Phänomene sind.

Trotzdem würde ich das Recht jeder Frau, ein Kopftuch zu tragen, sowohl gegen gehässige Kommentare als auch gegen gewisse neue gesetzgeberische Anstrengungen westeuropäischer Länder verteidigen: als das selbstverständliche Recht eines jeden Individuums in einer pluralistischen Gesellschaft, seine oder ihre Identität durch die Kleidung auszudrücken, so wie er oder sie es möchte. Dass die Familie oder ein religiöser Lehrer von einem Mädchen verlangt, es müsse ein Kopftuch tragen, lehne ich ab. Aber wenn ein Mädchen oder eine Frau meint, es sei richtig, wenn sie es als Teil ihrer religiösen Auffassung versteht, sollte man ihr dieses Recht nicht streitig machen.

Der Sinn der koranischen Regeln, der vor allem in der ersten zitierten Stelle zum Ausdruck kommt, und die tatsächlich für alle gilt, und zwar für Frauen wie für Männer, ist allein der, dass der menschliche Körper nicht aufreizend zur Schau gestellt werden sollte. Aber auch das ist eine Frage der individuellen Freiheit; und solange wir Nacktheit erlauben, dürfen wir die Verschleierung nicht verbieten. Die zunehmenden Kopftuchverbote in westlichen Ländern halte ich daher für eine Form von Diskriminierung, die sich allmählich ausbreitet; sie kommen unter dem Deckmantel des Liberalismus daher, sind aber tatsächlich anti-liberal, da sie elementare Persönlichkeitsrechte verletzen.

Viele solcher praktischen alltäglichen Konflikte kann man ohnehin ohne spezielle Gesetze auf der Basis der bisherigen Gesetzeslage und der Anwendung gesunden Menschenverstandes lösen. Als ich noch in Kairo an der Universität lehrte, saßen eine Menge vollständig verhüllter Studentinnen in meinen Kursen. Sie nahmen an den Diskussionen nicht Teil, weil sie in einer gemischten Runde nichts sagen wollten: Soweit war es noch ihre Entscheidung. Aber dann wollten sie ihre Fragen auf Papier schreiben, und ich sollte sie beantworten; das habe ich abgelehnt. Ich habe gesagt: Fragen, die nur auf Papier gestellt werden, beantworte ich nicht. Es ist Ihr Recht, sich so anzuziehen, aber dies ist mein Recht als Lehrer, wie ich mit meinen Studenten kommunizieren will. Wer eine Antwort haben möchte, der erhebe seine Stimme. Wer meint, dass seine eigene Stimme *haram*, unerlaubt, ist und nicht öffentlich gehört werden darf, der gehe heim.

Während der Prüfungen habe ich darauf bestanden, dass mir auch die komplett verhüllten Studentinnen ihr Gesicht zeigten. Manchmal baten sie darum, dass ihnen eine weibliche Dozentin zugewiesen werde, aber auch das habe ich abgelehnt. Ich erklärte ihnen, dass meine Absicht, ihre Identität festzustellen, schließlich nichts mit männlich oder weiblich zu tun hätte. Ich habe gesagt: Entweder, Sie zeigen mir Ihr Gesicht, oder Sie gehen. Ich akzeptiere Ihre persönliche Freiheit, aber Sie müssen auch das Gesetz akzeptieren, und das Gesetz verlangt, dass ich mich vergewissere, dass Sie wirklich die Person sind, der ich die Prüfung abnehmen soll.

Das gesellschaftliche Recht, ein Kopftuch zu tragen, muss es in meinen Augen also geben; eine religiöse Pflicht dazu besteht aber nicht. Ich glaube nicht, dass eine Muslimin eine Sünde begeht, wenn sie sich nicht verhüllt; meine Frau trägt übrigens auch kein Kopftuch, dabei war sie im vergangenen Jahr sogar auf der Pilgerfahrt. Danach haben alle erwartet, wenigstens von nun an werde sie ein Kopftuch tragen, aber sie lehnt es ab. Und ich mische mich da nicht ein. Wie könnte ich auch? Es ist nicht meine Entscheidung, ich habe ihr da nichts vorzuschreiben. Als Ehemann habe ich gar nicht das Recht dazu, meiner Frau solche Vorschriften zu machen.

Überhaupt kann man über all diese geschlechtsbezogenen Vorschriften und ihre wundersame Vermehrung in den vergangenen Jahrzehnten manchmal nur staunen. Was für Regeln manche Leute für unabdingbar halten … Darf eine Frau dies, fragen sie, darf sie jenes? Meiner Meinung nach sind das keine wirklichen religiösen Fragen. Wenn eine Frau zu sämtlichen Details ihres Alltags unbedingt eine religiöse Meinung hören will und einen Imam dazu befragt, wird es natürlich immer jemanden geben, der ihr sagen wird: Nein, laut dem Koran ist all das verboten, du sollst es so und so tun. Je mehr dumme Fragen man stellt, desto mehr dumme Antworten bekommt man! Aber ich glaube, Männer und Frauen sind doch vor allem menschliche Wesen. Wir haben die Aufgabe, einander als menschliche Wesen zu verstehen, nicht als Gegenstände rein triebhafter Lust oder als Gegenstände eines ausgefeilten religiösen Regelwerks.

Ich habe den Koranvers bereits zitiert, der Liebe und Barmherzigkeit als die beiden essenziellen Komponenten einer Ehe hervorhebt. Sollen wir uns also an der schönen Sprache des Korans orientieren oder dem engstirnigen Denken rückwärtsgerichteter Imame und Rechtsgelehrten folgen? Leider halten sich die heutigen Muslime meist an die Version der Dogmatiker, obwohl aus ihren Predigten eine viel weniger hohe Gesinnung spricht als aus dem Koran. Und wir müssen diese Gesinnung wieder anheben, auf ein Niveau, das sogar noch höher angesetzt ist als im Koran selbst. Wir haben das Recht dazu, mit den Idealen des Korans über diesen hinaus zu gehen. Ich bin hier sehr entschieden der Auffassung: Wenn der Koran das Ergebnis eines Dialogs ist – warum sollten wir hier mit dem Dialog aufhören?

12. Scharia, Gerechtigkeit und Politik

In den vorigen beiden Kapiteln habe ich zu verdeutlichen versucht, dass der Koran eine Menge konkreter Vorgaben zu politischen und rechtlichen Situationen enthält, die zwar, wenn sie wörtlich genommen werden, teilweise so klingen, als ob sie sich überlebt hätten; die aber dennoch höchst lebendige Impulse zum Verständnis beispielsweise der Gerechtigkeit zwischen den Geschlechtern enthalten, die darüber hinausweisen. Für besonders bedeutend halte ich hier den Unterschied zwischen dem Gesagten und dem damit Ausgedrückten: Das eine ist der reine Wortlaut, bei dem wir nicht stehen bleiben dürfen; das andere betrifft die eigentliche, tiefergehende Bedeutung oder Intention des Gesagten.

Dass der Koran überhaupt rechtliche Angaben zum Familienrecht, zum Umgang mit Ungläubigen oder Straftätern macht, verdankt sich, wie bereits erwähnt, Mohammeds spezifischer Situation als Gesandter in einer Zeit und einem Teil der Welt, in dem es kein allgemeines Recht und keinen Staat gab. Anders als beispielsweise Jesus in der dem Römischen Reich zugehörigen Provinz Palästina mussten Mohammed und seine Anhänger erst eine neue Form politischer Gemeinschaft und ein eigentliches Rechtsverständnis entwickeln; und auf entsprechende Fragen und Anforderungen reagiert der Koran mit manchmal sehr konkreten „juristischen" Versen. Diese juristische Seite des Korans ist andererseits auch immer wieder stark übertrieben worden, gerade in letzter Zeit. Von allen Versen, die die 114 Suren des Korans enthalten, beziehen sich gerade mal 16 Prozent auf politisch-rechtliche Fragestellungen. Man muss sich wirklich immer wieder in Erinnerung rufen: Der Koran ist kein Gesetzbuch, und auch die Scharia ist nicht das Einzige oder auch nur Vorrangige, das den Islam ausmacht.

Im Umfeld all solcher Überlegungen bewegen sich die Fragen, die uns in diesem Kapitel beschäftigen sollen: Wie sehen denn nun die tiefergehenden politischen und auch ethischen Ideale aus, die uns der Koran anempfiehlt – und inwieweit sollen oder können wir uns in unserer heutigen, auch politischen, Praxis an diesen Idealen orientieren? Was hat es schließlich mit der Scharia auf sich, die in den letzten Jahren oder Jahrzehnten fast zu einem Synonym für den Islam geworden ist?

Die Verbindung religiöser und politischer Fragen wird im westeuropäischen öffentlichen Diskurs gerne mit dem pauschalen Verweis auf Säkularisierung abgewehrt; doch leider ist Säkularisierung innerhalb der muslimischen Welt ein sehr ambivalenter Begriff. Man versteht darunter die vollkommene Trennung von Religion und Gesellschaft, wie sie nicht einmal im säkularen Europa der Fall ist. Denn die Tatsache, dass Religion ein soziales Phänomen ist, hat zur Folge, dass es in alle sozialen Bereiche, einschließlich der Politik, hineinspielt. Es ist zum Beispiel nicht wahr, dass in den westlichen Industrieländern heute in der Politik auf Religion und religiöse Sprache und religiöse Begründungen verzichtet wird. Die derzeitige US-Regierung zum Beispiel greift sehr oft auf religiöse Begriffe zurück, um ihre Politik öffentlich zu legitimieren.

Das heißt natürlich weder, dass man die Beibehaltung oder Einführung religiöser Vokabeln in die öffentliche Sphäre unbedingt begrüßen oder sofort ablehnen muss. Nur ist es irreführend, wenn „Säkularisierung" mit einer völligen Trennung von Religion und Politik gleichgesetzt wird, als ob sich deren Sphären nie berührten. Weder ist das im empirischen Sinne zutreffend, noch wäre eine absolute Trennung wünschenswert. Was für eine Demokratie unbedingt erforderlich ist, ist allein eine Trennung religiöser und politischer Autoritäten, weil Religion sonst leicht manipuliert werden kann, zu einem Instrument der Mächtigen mutiert und auf Kosten andersgläubiger Minderheiten geht.

Der Staat darf, ja, er kann eigentlich gar keine Religion haben. Scherzhaft gewendet, kann man sagen: Der Staat geht ja auch weder in die Kirche noch in die Moschee, er hält keinen Ramadan und geht nicht auf Pilgerfahrt. Tatsächlich muss der Staat für alle Bürgerinnen und Bürger gleichermaßen da sein, ob sie nun Muslime oder Christen, Juden oder Bahais, Atheisten, Polytheisten oder Angehörige sonstiger Richtungen sind. Wenn sich ein Staat auf die Seite einer Religion stellt, leiden die Minderheiten wie im Fall meiner Heimat Ägypten die Bahais und die Kopten.

Dennoch gehen von Religionen und ihren heiligen Schriften wichtige moralische Impulse aus. Das wird im Westen aufgrund der verbreiteten Anstrengung, die Religion in den Hintergrund der Gesellschaft zu drängen, wo sie zum absolut Privaten geworden ist, übersehen. Diese Bedeutung von Säkularisierung halte ich für ein Missverständnis: Denn Religion ist nicht nur Privatsache eines Einzelnen, sondern eine Sache der Gemeinschaft. Aber Gemeinschaft ist eben nicht gleichbedeutend mit Staat oder Regime. Der Einzelne muss absolut frei sein, sowohl in seiner Bindung an die eine oder andere Religion als auch in seiner Auslegung der Religion – das ist das Recht jedes Einzelnen in einem modernen säkularen Rechtsstaat. Aber Religion und deren Interpretation werden von den Individuen nicht alleine vollbracht, sondern meist gemeinschaftlich – in diesem Sinne ist Religion keine „Privatsache".

So wie die Säkularisierer dazu neigen, den gemeinschaftlichen Aspekt der Religion zu übersehen, so übersehen umgekehrt viele „traditionalistische" muslimische Gläubige die Notwendigkeit der Gewissensfreiheit des Einzelnen. Eben nicht nur im modernen Recht, sondern schon im Koran wird diese Gewissensfreiheit vorausgesetzt; der Abfall vom Glauben, den erst spätere Rechtsgelehrte zu einer Sache des Strafrechts machten, ist im Koran klar der jenseitigen Gerichtsbarkeit überantwortet. Überhaupt geht es in den frühen Suren des Korans immer um das Individuum, und die Aufforderung zum Glauben ergeht im Koran an den Einzelnen, nicht an einen Stamm. Als Mohammed begann, seine Botschaft kundzutun, sprach er zu Individuen, er lud Individuen dazu ein, ihre Stämme zu verlassen und sich einer neuen Gemeinschaft anzuschließen. Die frühen Muslime verletzten ihre Stammesethik, um bei ihm zu sein.

Das Entstehen der neuen Glaubensgemeinschaft und die Entscheidung zu diesem Glauben bedeuteten einen Bruch mit der bisherigen Tradition. Wie kann man also die Tradition als Argument heranziehen, um einem Gläubigen zu sagen, wie sein oder ihr Weg aussehen soll? Der Koran selbst verurteilt ja immer wieder diejenigen, die sich darauf berufen und die erklären: Wir tun es so, wie unsere Väter und Vorväter es immer schon taten. Man lese dazu einmal in Sure 2:

170. Und wenn ihnen gesagt wird: „Folgt dem, was Gott herabgesandt hat", sagen sie: „Wir folgen lieber dem, was wir bei unseren Vätern vorgefunden haben." Was denn, auch wenn ihre Väter nichts verstanden haben und der Rechtleitung nicht gefolgt sind?

Und in der siebten Sure heißt es:

28. Und wenn sie etwas Schändliches tun, sagen sie: „Wir haben es bei unseren Vätern vorgefunden, und Gott hat es uns geboten." Sprich: Gott gebietet nicht das Schändliche. Wollt ihr denn über Gott sagen, was ihr nicht wisst?

169

Ganz ähnlich argumentieren auch 5:104; 31:21 und 43:22–24. Trotzdem haben es sich viele heutige Muslime angewöhnt, sich in der hier kritisierten Art und Weise auf eine Tradition zu berufen, der sie angeblich blind folgen müssen. Sie unternehmen also keinerlei historisch-kritische Anstrengungen, um zu verstehen, wie und zu welchem Zweck diese Traditionen entstanden sind. Genauso wenig fragen sie, ob diese Traditionen in unseren momentanen sozio-kulturellen und politischen Kontext passen oder nicht; sie wiederholen nur, dies sei die Tradition ihrer Vorfahren, und sie dürften nicht davon abweichen.

Diese Gefahr des „Abweichens" ist ein sehr beliebter Einwand gegen jeden Versuch, eine Tradition historisch und kritisch zu analysieren. Doch der Mensch hat die Macht und die Befugnis, Dinge zu ändern. Von der Frühzeit des Islam an haben Muslime dies getan, haben den Koran ihren Bedürfnissen und ihrer Zeit angepasst. Sogar in vielen heutigen, explizit muslimischen Staaten ist es so: Ihr Strafrecht folgt oft den modernen westlichen Vorbildern, und nur das Familienrecht folgt noch der Scharia.

Überhaupt scheint insbesondere in Angelegenheiten, die die Geschlechter(un)gleichheit betreffen, die Tradition gern zu Rate gezogen zu werden – aber was dort unter Tradition verstanden wird, ist auch wieder selektiv: Eine Vielzahl profaner Regelungen wird der vermeintlichen religiös bedingten Tradition zugeschrieben – und umgekehrt wird gar nicht alles, was im Koran klar angeordnet wird, befolgt. Ich habe bereits dargelegt, dass laut dem Koran Frauen ein immerhin halb so großer Erbteil zusteht wie dem Mann. Aber in Oberägypten, in Pakistan und zahlreichen anderen Gegenden der muslimischen Welt scheren sich die Männer keinen Deut darum und geben der Frau kein Stück von dem Erbe, das ihr zusteht!

Das hält sie natürlich nicht davon ab, sich in anderen Fragen darauf zu berufen, sie befolgten göttliche Regelungen, wie sie vom Koran befohlen würden und die daher ewig seien.

Im Zusammenhang mit dem Familienrecht habe ich eben von Scharia gesprochen; doch immer, wenn dieses Stichwort fällt, lädt es zu den unterschiedlichsten Missverständnissen ein. Die westeuropäische Öffentlichkeit assoziiert mit Scharia eine Art umfassendes Gesetzbuch mit einer Vorliebe für drastische Körperstrafen; diese Art von Gesetz wird wiederum gern mit dem Islam und seinen zentralen Inhalten identifiziert. Viele Muslime haben sich ebenfalls völlig auf die Scharia und ihre gesetzlichen Vorgaben fixiert; sie meinen gar, in der Scharia alle möglichen göttlichen Anweisungen für ihr Leben hier auf Erden zu finden.

Das arabische Wort Scharia bedeutet, ebenso wie das verwandte Wort *schir'a*, zunächst einmal so etwas wie Pfad oder Richtung (wörtlich: Wasserstelle oder Weg zur Tränke). Im Koran meint die Verbalform *schara'a* mitsamt ihren Ableitungen die ethischen und gesetzlichen Grundlagen einer Lebensweise, ob nun der Muslime oder anderer religiöser Gemeinschaften.

Im Koran kommt die Nominalform Scharia nur einmal in Sure 45 vor, wo es an Mohammed gerichtet heißt:

> 18. Dann stellten Wir für dich eine Richtung (*schari'a*) in der Angelegenheit (der Religion) fest. So folge ihr und folge nicht den Neigungen derer, die nicht Bescheid wissen.

In Sure 5 bezieht sich die Nominalform *schir'a* sowohl auf Christen wie auf Juden; demnach hat jede Gemeinschaft ihre tradierte Lebensweise:

48. Und Wir sandten zu dir in Wahrheit das Buch hinab, (vieles) bestätigend, was ihm an Schriften vorausging, und Gewissheit gebend (über den Wahrheitsgehalt früherer Offenbarungen). Darum richte zwischen ihnen nach dem, was Gott hinabsandte. Folge nicht ihren (der Christen) Neigungen, um nicht von der Wahrheit, die zu dir gekommen ist, abzuweichen. Jedem von euch gaben Wir ein Gesetz (*schir'a*) und einen Weg. Wenn Gott gewollt hätte, hätte Er euch zu einer einzigen Gemeinde gemacht. Doch Er will euch in dem prüfen, was Er euch gegeben hat. Wetteifert darum im Guten. Zu Gott ist euere Heimkehr allzumal, und Er wird euch dann darüber aufklären, worüber ihr uneins seid.

Der Koran verwendet also das Wort Scharia für das Brauchtum oder die „Richtung" der jeweiligen Religionsgemeinschaften, so wie auch arabischsprachige Christen und Juden in Bezug auf ihre Religion und ihre Regeln von Scharia sprachen. Der Begriff meinte damals offensichtlich im viel weiteren Sinne eine religiöse Lebensweise als nur in einer rein legalistischen Bedeutung; aber vieles weist darauf hin, dass sogar im Mittelalter Scharia noch viel weiter gefasst war als ab dem 19. Jahrhundert, als im Rahmen einer islamischen Identitätskrise die Religion stark an die Politik angekoppelt wurde und Scharia als Gesetz zum Ausdruck des politischen Islam schlechthin wurde.

Im Mittelalter hieß die Wissenschaft vom religiösen Recht, also die Erforschung und Interpretation der in Koran und Sunna enthaltenen Scharia, *fiqh*. Es gab zahlreiche Rechtsschulen, die in juristischen und theologischen Fragen miteinander konkurrierten; nur vier davon wurden in der sunnitischen Tradition auf Dauer tonangebend. In der schiitischen Tradition gibt es einige weitere. Früher hatten die Schulen miteinander in rechtlichen und theologischen Fragen stark konkurriert, später wurden die Differenzen geringer.

Darüber hinaus darf man nicht vergessen, dass in der Geschichte der islamischen Kultur außer dem Recht auch noch andere Wissenschaften und kulturelle Sparten existierten, nämlich Theologie, Philosophie, Mystik, Kunst, Naturwissenschaft und dergleichen mehr. Wenn heute so genannte „Islamkritiker" den Islam und sein Geistesleben auf eine Rechtswissenschaft reduzieren wollen, ist dies ein grober Irrtum. Genauso irren natürlich auch diejenigen Muslime, die die Inhalte ihrer Religion auf die Vorgaben eines Rechtssystems reduzieren, das von Menschen ausgearbeitet wurde. Die mittelalterliche Wissenschaft des *fiqh* war sich immer dessen bewusst, dass sie menschliches Tun war, und die Scharia selbst, wie wir sie heute kennen, ist ein menschliches Produkt!

Bereits die Existenz verschiedener Rechtsschulen weist darauf hin, dass dieses Recht nicht göttlichen, sondern menschlichen Ursprungs ist. Rechtsgelehrte haben anhand eines komplexen Systems von philologischen Argumenten und logischen Verfahren wie Deduktion, Induktion und Analogieschluss versucht, die politischen und ethischen Hinweise des Korans und der Sunna auf andere moralische und politische und rechtliche Anwendungsfälle auszudehnen.

Im Übrigen tut man der Scharia und den rechtlichen Bestimmungen im Koran Unrecht, wenn man sie nur mit Körperstrafen und Strenge assoziiert, statt zu sehen, dass in diesen Bestimmungen ein frühes Bemühen um Gerechtigkeit seinen Niederschlag gefunden hat. Um diesen ethischen Impuls aus dem historischen Text herauszulesen, dürfen wir aber, wie ich bereits mehrfach gesagt habe, nicht beim reinen Wortlaut stehen bleiben, sondern müssen versuchen, die ethische Dimension des Textes zu erfassen. Dann lassen sich oft auch denjenigen Versen eine Botschaft entnehmen, die zunächst gar nicht mehr auf die heutige Zeit zu passen scheinen, weil sich so vieles geändert hat. Nehmen wir beispielsweise die Anweisung in Sure 4, eine Sklavin bei Unzucht halb so stark zu bestrafen wie eine freie Frau:

> 25. Und wer von euch nicht vermögend genug ist, gläubige Frauen zu heiraten, der heirate von den gläubigen Bediensteten, die er von Rechts wegen besitzt. Und Gott kennt sehr wohl eueren Glauben. Ihr seid einer vom anderen. Heiratet sie mit Erlaubnis ihrer Angehörigen und gebt ihnen ihr Brautgeld nach Billigkeit. Sie sollen keusch sein, keine Unzucht treiben und sich keine Geliebten halten. Sind sie aber verheiratet und begehen Ehebruch, so treffe sie die Hälfte der Strafe der verheirateten freien Frauen. (Diese Erlaubnis ist) für den von euch, der die Sünde fürchtet; doch besser ist es für euch, davon abzusehen. Und Gott ist verzeihend und barmherzig.

Woraus leitet sich dies ab, und was sollen wir heute daraus lernen, wo es doch zum Glück keine Sklaverei mehr gibt? Nun, die Sklavin sollte weniger hart bestraft werden, weil sie viel weniger Handlungsspielraum hatte als die freie Frau. Also war sie auch weniger dafür verantwortlich zu machen und erhielt daher eine geringere Strafe. Die Idee, die dahinter steht, ist die der Verantwortlichkeit oder, wie es unser modernes Rechtssystem versteht, der Zurechenbarkeit: Es ist ein humanes Prinzip, das nicht straft um des Strafens willen, sondern nach dem tatsächlichen Vergehen des Einzelnen schaut.

Und so müssen wir sämtliche Stellen lesen, die von Strafen handeln: vor einem bestimmten historischen Hintergrund.

Körperstrafen werden in Sure 24 für Ehebruch beziehungsweise Verleumdung ausgesprochen:

> 2. Die Unzüchtige und den Unzüchtigen, peitscht jeden von beiden mit hundert Hieben aus. Und euch soll kein Mitleid erfassen angesichts dieser Anordnung Gottes, so ihr an Gott glaubt und an den Jüngsten Tag. Und eine Anzahl Gläubiger soll Zeuge ihrer Strafe sein. 3. Der Unzüchtige soll nur eine Unzüchtige heiraten oder eine Heidin. Und die Unzüchtige soll nur einen Unzüchtigen heiraten oder einen Heiden; den Gläubigen aber ist solches verwehrt. 4. Diejenigen, welche anständige Frauen verleumden, dann aber nicht vier (Augen-)Zeugen beibringen, die peitscht mit achtzig Hieben aus. Und nehmt ihr Zeugnis nie mehr an, denn es sind Verworfene.

Und in Sure 5 für Diebstahl:

> 38. Und der Dieb und die Diebin: Schneidet ihnen zur Vergeltung ihrer Taten ihre Hand ab, als abschreckende Strafe von Gott; und Gott ist mächtig und weise. 39. Wer aber nach seiner Sünde umkehrt und sich bessert, siehe zu dem kehrt sich auch Gott; siehe, Gott ist verzeihend, barmherzig.

In solchen Fällen müssen wir uns immer wieder fragen: Warum führt der Koran solch drastische Strafen auf? Nun, weil es die üblichen, die verfügbaren Strafen waren! Der Koran hat sich diese Strafen nicht ausgedacht, sondern es waren die Strafen, die die Gesellschaften damals angewendet haben.

Also müssen wir weiter fragen: Wenn diese Form des Bestrafens nicht genuin koranisch ist, wenn der Koran sie also nicht ins Leben gerufen hat, sondern sich ihrer nur bedient – was ist also das Wesentliche an den koranischen Aussagen zur

Bestrafung? Hier zählt nicht der Buchstabe der gesetzlichen Regulierungen, sondern es kommt auf die tiefere Bedeutungsebene an, darin liegt die ethische Botschaft.

Im Falle der Todesstrafe wird heute oft unterschlagen, dass sie vom Koran zwar sanktioniert wurde, aber laut dem Koran auch ausgesetzt werden konnte, wenn die Familie des Ermordeten dem Mörder vergab. An die Stelle der Todesstrafe trat dann ein so genanntes Blutgeld. Dabei geht es vor allem darum zu vermeiden, dass für das Wiederherstellen von Gerechtigkeit ein weiteres Leben geopfert wird; aus koranischer Sicht ist ein Menschenleben zu kostbar, um ausgelöscht zu werden, und sei es auch für ein anderes, bereits ausgelöschtes Menschenleben. So heißt es in Sure 2:

> 178. O ihr, die ihr glaubt, vorgeschrieben ist euch bei Totschlag die Wiedervergeltung: der Freie für den Freien, der Sklave für den Sklaven, die Frau für die Frau. Der aber, dem von seinem Bruder verziehen wird, zahle bereitwillig eine angemessene Entschädigung (als Blutgeld). Dies ist eine Erleichterung von euerem Herrn und eine Barmherzigkeit. Und wer sich ab jetzt vergeht, den treffe schmerzliche Strafe. 179. In der Wiedervergeltung liegt für euch Leben, o ihr Einsichtigen, auf dass ihr gottesfürchtig werdet.

Die Botschaft des Korans betrifft hier also offensichtlich nicht die Form der Bestrafung, sondern liegt eher in der Wahrung der Verhältnismäßigkeit und im Aufzeigen eines Auswegs in Milde. Wenn wir Menschen in unserer historischen Entwicklung humanere Methoden der Bestrafung als Körperstrafen und Todesstrafe gefunden haben, wieso sollten wir daran festhalten, wenn sie im Koran doch offenbar nur als vorgegebene Elemente der damaligen, sogar der vorislamischen Zeit auftauchen?

Oder schauen wir uns ein weiteres Beispiel an, um zu zeigen, dass nicht der Buchstabe der religiösen Gesetze zählt, sondern die Funktion, die damit intendiert ist. Wenn sich der Koran darüber äußert, wie und wie oft man beten soll, oder über das Fasten, oder über die Pilgerfahrt, geht es auf der tiefsten Bedeutungsebene immer um die Funktion der Handlung und um die dazugehörige Absicht derjenigen, die diese Handlung vollziehen. Ohne diese Dimension ist das Gebet bloß eine Abfolge von Bewegungen, ist die Pilgerfahrt nur eine ermüdende Reise, und bedeutet Fasten nur, viele Tage hungrig zu sein. Bei der Lektüre des Korans wird man immer wieder auf diesen zentralen Unterschied gestoßen. Wenn es um das Gebet geht, heißt es in Sure 29, es solle die Gläubigen von sündhaftem Tun abhalten:

> 45. Trage vor, was dir von diesem Buch geoffenbart wird und verrichte das Gebet. Siehe, das Gebet bewahrt vor Schandbarem und Verbotenem. Doch das (ständige) Denken an Gott ist fürwahr das Größte. Und Gott weiß, was ihr tut.

Bei der Pilgerfahrt soll man ein Tier opfern. Aber im Koran heißt es wiederholt, Gott sei nicht am Blut oder am Fleisch des Tieres interessiert; Gott interessiere sich für unsere Herzen. In Sure 22 heißt es über die Opfer:

> 37. Weder ihr Fleisch noch ihr Blut erreicht Gott, jedoch erreicht Ihn euere Frömmigkeit. So hat Er sie euch dienstbar gemacht, damit ihr Gott dafür preist, dass Er euch rechtgeleitet hat. Und verkünde den Rechtschaffenen frohe Botschaft!

Der Koran macht also selbst immer wieder auf das Missverständnis aufmerksam, das darin bestehen würde zu meinen, es gehe um die äußere Handlung, nicht um ihre tiefere Bedeutungsebene und Intention. Sogar bei den grundlegenden rituellen Pflichten wie Beten, Fasten, Pilgern wird immer wieder gesagt: Wenn du diese Rituale nur äußerlich vollziehst, ohne ihrem ethischen Sinn gerecht zu werden, ist damit nichts gewonnen.

Umgekehrt kann man diese Dimension auch erreichen, ohne die traditionellen islamischen Rituale zu vollziehen. Es gibt viele Menschen, die heute zu ganz anderen Formen greifen und die für sich andere Wege wählen, um sich dem Spirituellen zu nähern. Man muss dafür auch kein Muslim sein, ja, man muss nicht einmal unbedingt religiös sein! Wir Menschen nähern uns dieser tiefen spirituellen Dimension auf vielfältige Weise, auch über Kunst oder Musik. Spiritualität ist nicht notwendig an Religiosität gebunden, sondern eine allgemein menschliche Erfahrung, eine Sprache, mittels derer Menschen mit dem Göttlichen kommunizieren können. In den Schriften der großen Mystiker finden wir das wunderbar beschrieben – ob es die Schriften der muslimischen Sufis sind oder buddhistische Schriften oder zoroastrische. Manche von ihnen waren in der Lage, zu einer ungeheuren spirituellen Tiefe vorzudringen, ohne einem bestimmten religiösen System anzugehören. Menschen haben viele verschiedene Sprachen und Wege gefunden, diese Erfahrung auszudrücken; und es gibt keinen Grund anzunehmen, dass nur Menschen, die ihre Religion auf exakt diese oder jene Weise praktizieren, spirituelle Erfahrungen machen.

In der Tradition der islamischen Mystik wurde die Scharia gleichsam als die äußere Hülle der Wahrheit angesehen. Man lehnte die Scharia nicht ab; aber man sah ihren Sinn darin, den Gläubigen zu einer tieferen Ebene des Glaubens und der

Wahrheit zu führen. Und auch in der nicht-mystischen islamischen philosophischen Tradition wurde die Scharia niedriger angesiedelt als beispielsweise die Vernunft. Wenn es in einem Fall zu einem Konflikt kam zwischen Rationalität und Scharia, behielt die Vernunft das letzte Wort. Dieses Prinzip war wichtiger Bestandteil der islamischen Philosophie, Theologie und auch der Rechtswissenschaft. Ein berühmtes Beispiel dafür ist ein Werk von Ibn Ruschd, im Westen bekannter unter dem Namen Averroes, ein Naturwissenschaftler und Philosoph, geboren 1126 in Cordoba und gestorben 1198 in Marrakesch, das den Titel „Harmonie zwischen Scharia und Philosophie" trägt.

Und wie ist es heute? Wenn wir uns erinnern, dass Scharia so etwas wie Pfad bedeutet, kann man im Hinblick auf die derzeitige Situation sagen, dass dieser Pfad immer schmaler geworden ist. Was beispielsweise die ethischen Wertungen angeht, hat es im Laufe der Jahrhunderte eine Bedeutungsverschiebung gegeben. Zum moralisch Erlaubten und moralisch Verbotenem hieß es zunächst eigentlich: Was im Koran nicht erwähnt ist, ist erlaubt. Die klassische islamische Rechtsprechung unterschied zwischen immerhin fünf verschiedenen moralischen Kategorien: *haram* und *wadschib* bezeichnen die äußeren Pole, nämlich das Verbotene und das Obligatorische. Wenn man etwas tut, das *haram* ist, wird man dafür bestraft; ebenso wenn man das andere, *wadschib*, unterlässt. Daneben gibt es die beiden weiteren Kategorien *makruh* (unerwünscht) und *mandub* (empfohlen). Wenn man eine Handlung der Kategorie *makruh* dennoch begeht, wird man nicht bestraft; wenn man etwas Empfohlenes ausführt, wird man belohnt, bei einer Unterlassung jedoch nicht bestraft. Alles, was sich diesen vier Kategorien zuordnen lässt, ist entweder explizit oder implizit im Koran oder in den Prophetenworten erwähnt;

die Anzahl dieser Dinge ist daher begrenzt. Schließlich gibt es in der Mitte noch einen Bereich all dessen, was einfach erlaubt ist, insofern es nicht explizit erwähnt ist; und das ist der größte Bereich des Erlaubten (*halal*).

Heute hingegen scheinen viele Muslime nur noch die beiden äußeren Kategorien *haram* und *wadschib* zu kennen, wobei sie letztere oft mit *halal* verwechseln; die drei Stufen dazwischen scheinen sie vergessen zu haben. Insbesondere der mittlere Bereich dessen, was im Koran nicht erwähnt wurde und ethisch neutral, also ohne großes Aufhebens einfach erlaubt war, wurde dadurch verringert. Bei allen möglichen großen und vor allem kleinen Fragen des Alltags bitten Muslime heute Imame oder Scheichs um Fatwas, also (unverbindliche) Rechtsgutachten; und diese Imame und Scheichs versuchen dann durch Analogien zu erschließen, ob diese oder jene Handlung verboten oder geboten sei. So hat sich mit der Zeit das Moralverständnis vieler Muslime auf einen Rigorismus zu entwickelt, der gar nicht im Koran angelegt ist.

Um sich einen Eindruck davon zu verschaffen, wie weit die Durchreglementierung des Alltags für manche Ultraorthodoxen bereits fortgeschritten ist, muss man sich nur einmal die entsprechenden Internetseiten anschauen: Da gibt es Vorschriften für Kleidung, für Speisen und die richtige Art, einander die Hand zu schütteln. Manche Menschen scheinen Regeln für alles zu kennen!

Übersehen wird in dieser Reglementierungswut, dass sowohl der Koran als auch die frühere Rechtsprechung in ihrer pragmatischen, nicht rigiden Art immer wieder die Erlaubnis erteilen, in notwendigen Situationen gegen Regeln zu verstoßen. Zum Beispiel gibt es zwar tatsächlich Bestimmungen dafür, wann Fleisch als *halal* gelten kann; wenn entsprechend geschlachtetes Fleisch verfügbar ist, wunderbar. Aber was sollen wir machen, wenn wir in Japan oder am Nordpol zu Besuch sind? Nun, dann können wir eben den Namen Gottes über dem Essen aussprechen, und das ist auch in Ordnung.

Für solche Situationen kennt die islamische Tradition die *darura*, die Doktrin der Notwendigkeit, nach der Gebote für jemanden, der sich in einer Notlage befindet, außer Kraft gesetzt sind. Muslime müssen endlich lernen, diese Möglichkeit für sich in Anspruch zu nehmen, statt sich immer weiter einzuengen. Inzwischen erlegen sich viele Muslime selbst mehr Einschränkungen auf als die klassische Scharia. Wenn es einem zum Beispiel sehr schwer fällt zu fasten, braucht man nicht zu fasten, sondern verpflichtet sich, jeden Tag eine Person zu ernähren. Wieso ergreifen Muslime nicht diese Möglichkeit? Wir haben nicht die Pflicht, uns das Leben unnötig schwer zu machen; das Leben ist schon kompliziert genug. Manche denken, je mehr sie unter einem komplizierten Leben leiden, desto reicher werden sie im nächsten Leben belohnt. Wenn sie es selbst so halten wollen, ist es ja in Ordnung. Aber sie dürfen es ihrer Umgebung und ihren Kindern gegenüber nicht als Norm ausgeben und verschweigen, dass der Grundgedanke des Korans viel weniger rigide ist.

Die Ursache für diese Fixierung auf die Scharia und ihre zunehmende Verengung liegt wieder in der bereits angesprochenen muslimischen Identitätskrise, auf die ich im letzten Kapitel noch einmal zurückkommen werde. Insbesondere die letzten Jahrzehnte haben diese rigide Form „islamistischer" Verhaltensweisen und diese vielen Verfeinerungen der Scharia hervorgebracht. Manchmal liegt die Ursache für den zunehmenden Rigorismus auch, wie im Fall der Türkei oder des Iran, in einer zu schnellen, erzwungenen Säkularisierung. Von einem Tag auf den anderen, so hatten es Atatürk beziehungsweise der Schah beschlossen, sollte die breite Bevölkerung von wesentlichen Kleidungsgewohnheiten und religiösen Sitten Abstand nehmen. Entsprechende Reglementierungen wurden im Eiltempo dekretiert. Aber welchen Sinn hat es, die Überzeugungen und Gewohnheiten der Bevölkerung auf einen Schlag umzukrempeln, zumal gegen deren eigenen Wunsch? Solch eine – im Übrigen auch nicht sehr demokratische – Politik von oben führt zu Erschütterungen, die noch Jahrzehnte später zu spüren sind und dann manchmal paradoxe, rückwärtsgewandte Entwicklungen zur Folge haben.

Bei all dieser Kritik an der Fixierung auf immer rigidere Auslegungen der Scharia will ich natürlich nicht bestreiten, dass vom Islam, wie auch von anderen Religionen, starke ethische und moralische Impulse ausgehen. Die Idee der Gerechtigkeit, sowohl im Diesseits wie im Jenseits, ist im Koran an zahllosen Stellen präsent. Dabei bedient sich der Koran sehr oft eines Vokabulars aus dem Bereich des Handels wie Kaufen, Verkaufen und Leihen, was ganz einfach die Natur der Gesellschaft widerspiegelt, in der der Islam entstand. Mekka und Medina waren vor allem Gemeinschaften, die vom Handel lebten, und Mohammed war Geschäftsmann, wie auch seine erste Frau Chadidscha. Daher wurden die Metaphern von Kauf, Tausch und Handel gut verstanden. Sowohl *zakat* (das für jeden Gläubigen verpflichtende jährliche Almosengeben) als auch jede andere Form von Wohltätigkeit werden im Koran ein „Darlehen" an Gott genannt – ein Darlehen mit einer hohen Zinsrate, das im Jenseits zurückgezahlt wird. Hier wird also eine der fünf Säulen des Islam mit einer Metapher aus dem Bereich der Wirtschaft beschrieben; sie taucht bereits in der frühen mekkanischen Sure 73 auf:

20. Dein Herr weiß, dass du (zum Gebet) aufstehst beinahe zwei Drittel der Nacht oder die Hälfte oder ein Drittel davon, und ebenso eine Gruppe von denen, die mit dir sind. Und Gott bestimmt das Maß der Nacht und des Tages. Er weiß, dass ihr es nicht (selbst) würdet erfassen können. Da wandte Er sich euch zu. So verlest aus dem Koran, was leicht (zu bewältigen) ist. Er weiß, dass es unter euch Kranke geben würde, und andere, die im Land herumwandern im Streben nach der Huld Gottes, und (wieder) andere, die auf dem Weg Gottes kämpfen. Verlest also daraus, was leicht (zu bewältigen) ist, und verrichtet das Gebet und entrichtet die Abgabe und leiht Gott ein schönes Darlehen. Und was ihr für euch selbst an Gutem vorausschickt, das werdet ihr bei Gott vorfinden als noch besser und großartiger belohnt. Und bittet Gott um Vergebung. Gott ist ja voller Vergebung und barmherzig.

Genauso heißt es in der aus medinensischer Zeit stammenden zweiten Sure:

245. Wer ist es, der Gott ein gutes Darlehen leiht? Er wird es ihm vielfach verdoppeln. Und Gott teilt bemessen und auch großzügig zu. Und zu Ihm werdet ihr zurückgebracht.

Eine besondere Bedeutung hat im Koran auch die Metapher der Waage, die mehrmals auftaucht. In Sure 11 beispielsweise wird die Verpflichtung des Kaufmanns, seine Handelspartner nicht zu betrügen, als Beispiel für die moralische Pflicht per se aufgeführt:

85. O mein Volk! Gebt rechtes Maß und Gewicht und enthaltet den Leuten nichts vor und richtet auf Erden kein Unheil an.

Das Ausbalancieren, das Geben des „rechten Maßes" und ganz allgemein der Topos der Gerechtigkeit sind zentral für die Weltsicht des Korans. Sowohl in den metaphorischen als auch in den erzählenden Passagen beruht die narrative Struktur des Korans auf einem Konflikt zwischen dem Unterdrücker und dem Unterdrückten. Wenn wir uns beispielsweise die koranischen Erzählungen über Noah, Moses und Jesus anschauen, wird uns auffallen, dass der Koran deren Geschichte immer wieder unter Bezugnahme auf das Verhältnis von Unterdrückern und Unterdrückten erzählt.

Dieses Thema ist im Koran deswegen so präsent, weil die wachsende Kluft zwischen verschiedenen Bevölkerungsteilen im Arabien der damaligen Zeit ein allgegenwärtiges Problem war: Hier die Reichen, die das Sagen hatten; und dort die anderen, die Armen, die Waisen, die Hilflosen. Sogar innerhalb ein und desselben Stammes konnte man diese Spaltung finden. Daher wurde das Bild dieses Konflikts zwischen Unterdrückern und Unterdrückten in die Geschichte einer Rettung hineingenommen: Die Unterdrücker werden bestraft werden, und die Unterdrückten werden triumphieren. Sie werden gerettet werden, entweder in diesem oder im jenseitigen Leben. Wenn man all die Metaphern und Erzählungen zusammen nimmt, kann man mit Fug und Recht sagen, dass im Zentrum des Korans eine ethische Idee steht, nämlich Gerechtigkeit.

Damit ist aber die konkrete Frage, in welcher Form wir Heutigen uns dem Koran zuwenden und ihm ethische Ideale entnehmen können, erst zum Teil beantwortet. Wenn wir die vom Koran immer wieder proklamierten ethischen Ideale als essenzielle, universale Werte ansehen und versuchen, sie auf unsere moderne Welt anzuwenden, bedeutet das, dass wir nicht nur unserer eigenen Glaubensgemeinschaft Gerechtigkeit widerfahren lassen sollen, sondern der gesamten Menschheit.

Wir können das Ideal der Gerechtigkeit ausweiten und um Freiheit und Gleichheit erweitern. Auf heute übertragen, werden wir uns dabei fragen, ob wir darin das Ideal absoluter Gleichheit zwischen allen Menschen erkennen können, also zwischen Frauen und Männern, zwischen Muslimen und Nichtmuslimen? Dafür dürfen wir nicht bei jenem Verständnis stehen bleiben, das in diesem historischen Text ausformuliert wurde – ich habe bereits darauf hingewiesen, dass wir ja keine gesellschaftliche Ordnung mehr akzeptieren, in der es Sklaven gibt und Frauen keine Rechte haben.

Für all diese Fragen können wir uns im Koran Unterstützung holen. Und doch müssen wir uns darüber im Klaren sein, dass wir Heutigen es sind, die diese Fragen nach Gleichheit und Freiheit an den Text stellen. Schließlich sind auch wir es wieder, die entsprechende Antworten im Text finden. Ein Beispiel ist die Idee der Demokratie. Natürlich kann man sagen, dass es im Koran, in der Idee der *schura*, bereits Anlagen gibt, die in diese Richtung gehen. *Schura* hieß das arabische Verfahren der gemeinsamen Beratung und Entscheidung, das zum Beispiel in der 42. Sure erwähnt wird:

> 38. Und die auf ihren Herrn hören und das Gebet verrichten und deren Angelegenheiten (eine Sache) gegenseitiger Beratung (*schura*) ist und die von dem, womit Wir sie versorgten, spenden.

Dennoch muss man ehrlicherweise sagen: Bevor Muslime nicht über Demokratie nachgedacht und nach ihr im Koran und in ihrer Gesellschaft gesucht haben, haben sie *schura* nicht so interpretiert. Inzwischen aber haben sogar die Islamisten im Koran das Prinzip Demokratie entdeckt, denn auch sie benötigen Demokratie, ohne die es auch für sie keine Meinungsfreiheit, sondern Verfolgung gibt. Daher sagt heute jeder: Wir wollen Demokratie, wir brauchen Freiheit. Und wenn sie gefragt werden, wie sie das rechtfertigen können, verweisen sie auf den Koran und finden dort auch entsprechende Stellen.

Wir müssen uns also klarmachen, dass wir, wenn wir uns den Koran anschauen, doch immer unser modernes Verständnis und unsere heutigen Fragestellungen im Hintergrund haben. Für die früheren Theologen und Juristen bedeutete „Freiheit" das Gegenteil der Sklaverei. Solch ein Freiheitsverständnis würde uns heute als sehr eingeschränkt vorkommen; für uns bedeutet Freiheit eine Frage der Ermächtigung von Individuen, freie Entscheidungen zu treffen und nicht durch Tradition, Gemeinschaft oder Familie gefesselt zu sein.

So finden wir in einem Text, wonach wir suchen; und wenn wir an den Text keine Fragen stellen, kann er auch nicht zu uns sprechen. Die moderne Hermeneutik nennt dieses Phänomen das epistemologische Interesse, also das Erkenntnisinteresse dessen, der den Text zu verstehen sucht. Jeder Leser trägt ein solches Interesse an den Text heran, und man irrt sich, wenn man behauptet, der Text gebe all die Antworten von sich aus, ohne die entsprechenden Fragen. Wir selber, als Menschen in einer bestimmten, modernen Zeit nähern uns dem Koran mit bestimmten Fragen. Nur wenn man das zugibt, ist man ehrlich und praktiziert *taqwa* (Gottesfurcht) im tieferen Sinne von Ehrlichkeit, Aufrichtigkeit und Offenheit – ohne also zu versuchen, die eigene Ideologie zu verbergen und dafür Objektivität zu beanspruchen. Wer aber behauptet, Gleichheit oder Menschenrechte würden explizit oder implizit im Koran erwähnt, der täuscht sich und andere.

13. Dogmatik und das Tor des idschtihad

In den vorhergehenden Kapiteln sind wir in unserer Diskussion immer wieder auf Themen gestoßen, die die zentralen Glaubenswahrheiten des Islam betreffen und die man die Dogmen des Islam nennen könnte. Zwar gibt es im Islam bekanntlich keinen festgelegten Katechismus wie beispielsweise bei den christlichen Kirchen. Die Zahl der islamischen Dogmen, wollte man sie auflisten, fällt im Vergleich auch ein gutes Stück geringer aus. Aber man kann beispielsweise sagen, dass *tauhid*, die Lehre von der Einheit Gottes, ein islamisches Dogma darstellt. Ebenso der Glaube an alle früheren Propheten, die früheren Heiligen Schriften, daran, dass Mohammed Gottes Gesandter gewesen ist, sowie die Überzeugung, dass der Koran das Wort Gottes darstellt, der nach seiner letzten Offenbarung an seinen letzten Propheten aufhörte, mit uns Menschen in Form von Offenbarungen zu kommunizieren. Darüber hinaus kann man den Glauben an Gottes Engel, ein Leben nach dem Tod und an ein Jüngstes Gericht zu den zentralen Dogmen zählen.

Auf all diese Themen bin ich im Laufe dieses Buches schon zu sprechen gekommen, und bei jedem hat die historisch-kritische Lesart des Korans, die ich vorgestellt habe, die religiösen Gegenstände in einem etwas anderen Lichte gezeigt, als wir es aus der orthodoxen muslimischen Lehre vielleicht gewohnt sind. Es hat sich beispielsweise herausgestellt, dass sich die Lehre vom Einen Gott sprachlich gar nicht so leicht konkretisieren lässt, weil wir Menschen dabei nämlich immer in unseren menschlichen Begrifflichkeiten gefangen und für alles Weitere auf unsere, wiederum menschliche, Vorstellungskraft angewiesen sind. So versuchen wir zwar, das Wesen Gottes mit Attributen zu beschreiben – wissen aber gleichzeitig, dass wir sein Wesen damit nicht erfassen können, ja sogar Gefahr laufen, uns fälschlicherweise ein bestimmtes Bild von Gott zu machen. *Tauhid* ist also ein zentrales, aber eben auch sehr anspruchsvolles, tiefschichtiges Dogma, dessen Inhalt wir nicht in einem Satz wiedergeben können.

In Bezug auf den Koran als Offenbarung habe ich zu zeigen versucht, dass der Begriff „Offenbarung" verschiedene Möglichkeiten offen lässt, wie wir ihn genau verstehen wollen: Ob wir die im Koran enthaltenen arabischen Verse als exakten Wortlaut von Gottes eigener Äußerung ansehen wollen oder eben, wie ich vorschlage, als Ergebnisse einer Inspiration und als dialogisches Produkt der Kommunikation des Göttlichen mit dem Menschlichen.

Die Interpretation bestimmter koranischer Verse selbst hat uns schließlich zu der Erkenntnis geführt, dass es auch von der Vorstellung des Lebens nach dem Tode und dem Jüngsten Gericht verschiedene Auslegungen gibt. Die konkreten Schilderungen des Paradieses und der Hölle lassen sich metaphorisch auslegen; und vielleicht ist sogar die Idee von Belohnung und Bestrafung generell nur ein Bild, das uns ansporn respektive drohen will, damit wir uns auf Erden um ein ethisches, anständiges Leben bemühen.

In ähnlicher Weise lassen sich grundsätzlich alle Dogmen hinterfragen und auf ihre vielfältigen Bedeutungen hin untersuchen. Mein Anliegen ist dabei nicht, diese Dogmen anzugreifen oder gar zu zerstören; ich plädiere nur dafür, ihre Bedeutung zu diskutieren und vor allem auch ihre Entstehung zu erforschen. Das Verständnis der Dogmen, das muslimische Kinder heute von ihren Eltern oder in Koranschulen lernen, ist weder historisch noch theologisch zwangsläufig das einzig mögliche Verständnis. Und so ist es eine interessante und wichtige Aufgabe zu untersuchen, wie diese Dogmen formalisiert und institutionalisiert und in welcher historischen Situation sie jeweils in ihrer bisherigen Form zementiert wurden.

Wenn man dieser Frage nachgeht, merkt man bald, dass es im Verlauf der Geschichte der islamischen Philosophie, Theologie und Rechtsauslegung in früherer Zeit sehr wohl intensive Debatten um das Verständnis all dieser Dogmen gegeben hat – Debatten, deren Inhalte und Argumente heute allerdings in Vergessenheit geraten sind. Wenn es im Mittelalter aber ernsthafte, tiefsinnige Diskussionen über die Glaubensinhalte gab, wieso tun wir heute so, als seien alle Dogmen selbstverständlich so und nicht anders zu verstehen, als liege ihre Bedeutung auf der Hand und erkläre sich gleichsam aus sich selbst heraus? Heute lernen die meisten Muslime diese Dogmen einfach nur auswendig, ohne sie wirklich zu verstehen, geschweige denn, ihre Bedeutungsvielfalt zu erkennen, zu diskutieren und darüber zu eigenen Überzeugungen zu gelangen. Schlimmstenfalls kann das rigide Verständnis dieser oder jener Dogmen dazu führen, dass sich ein Muslim nicht offen mit dem Koran und mit seinem Glauben auseinandersetzen kann, weil ihm das Dogma – so wie es ihm beigebracht wurde – ein zu enges Verständnis vorgibt.

Wie gesagt: Es steht außer Frage, dass es für den Islam, wie vermutlich für jede Religion, zentrale Dogmen gibt, an die zu glauben eine – weniger institutionelle als vielmehr logische – Vorbedingung dafür ist, Muslim zu sein. Aber diese Dogmen sind eben nicht so rigide, dass sie nicht im Laufe der Jahrhunderte verschiedene Auslegungen erfahren hätten und weiterhin erfahren könnten. Muslime sollten darum wissen, dass jedes dieser Dogmen für verschiedene Auslegungen offen ist oder man jedenfalls nicht behaupten kann, eine Auslegung sei die einzig richtige. Wir sollten uns hier daran erinnern, dass der Islam von seiner Idee her glücklicherweise diese Möglichkeit offen lässt, weil es keine Autorität gibt, die rechtmäßig von sich behaupten kann, über die einzig wahre Auslegung zu verfügen – auch wenn natürlich viele gegen dieses Prinzip verstoßen und genau diese Autorität für sich beanspruchen.

Ein orthodoxer Gläubiger könnte nun all diese Bemerkungen über die Mehrdeutigkeit und den Bedeutungswandel von Dogmen als akademisches Gedankenspiel abtun und fragen: Ja, aber ist das, woran ich bisher immer geglaubt habe, nun wahr oder nicht? – Nun, das kommt eben darauf an, was man unter „Wahrheit" versteht. In Glaubensdingen ist die Frage der Wahrheit eine andere als in der Astronomie oder in der Geschichtswissenschaft; im Glaubenszusammenhang haben wir es mit einer relationalen Wahrheit zu tun. Dogmen sind wahr – für den Gläubigen. Für Muslime ist Mekka ein Ort mit überragender Bedeutung – dem Nichtmuslim bedeutet Mekka gar nichts.

Das mag manchen relativistisch klingen; aber mir geht es nicht darum, den religiösen Anspruch auf Wahrheit abzumildern. Genauso wenig will ich, wenn ich sage, dass auch die Wahrheit von Dogmen eine relationale Wahrheit ist, den Glauben abschaffen. Im Gegenteil: Wir müssen erkennen, dass diese Art von Wahrheit für den Glauben konstitutiv ist! Aus der Perspektive des Gläubigen kann man es so ausdrücken: Glauben ist mein Verhältnis zu den Gegenständen, über die ich rede. Und genau das gibt dem Gläubigen Kraft.

Schließlich sind es nicht die Dinge selbst, die auf den Gläubigen etwas Göttliches abstrahlen; es ist mein Verhältnis zu dem Gegenstand, das ihn göttlich werden lässt. Das Göttliche ist weder irgendwo da draußen, noch einfach tief in uns drin, sondern es besteht in dieser Form von Beziehung. Wenn wir das verstehen, verstehen wir auch, was das Wort *iman*, Glauben, bedeutet. In gewisser Hinsicht ähnelt *iman* der Liebe in seiner Struktur sehr. Wenn wir einen Menschen lieben, sehen wir: Dieser Mensch ist schön. Ebenso verdankt sich Glauben der Kraft eines Individuums zu glauben.

Allerdings sollten wir vom Glauben nicht so sprechen, als handele es sich um eine Form von Wahrheit, die sich uns einfach aufdrängt. Aus einer bestimmten Perspektive des Gläubigen, einer Perspektive, die ich im Zusammenhang mit der Sprecherposition der Eröffnungssure *al-Fatiha* beschrieben habe, ist das auch richtig: Hier erfährt der Betende die Macht des Göttlichen und bittet diesen um Hilfe und Rechtleitung. Das ist aber nicht die einzig mögliche Perspektive, und sie darf nicht zum Dogma gerinnen. Denn genauso gut können wir sagen: Wahrheit drängt sich nicht auf, sondern Wahrheit ist etwas, an dessen Entstehen man Teil hat. Zumindest für die Wahrheit der Religion gilt: Wahrheit ist an Glauben geknüpft. Umgekehrt schöpft der Gläubige seine Kraft daraus, dass er etwas in Richtung des Göttlichen tut, an das er glaubt. Er gibt etwas von seiner Kraft, und er erhält Kraft zurück.

Auch die Vorherbestimmung, über die wir im Zusammenhang mit der Sure *al-Fatiha* gesprochen haben, wird von manchen als ein Dogma angesehen; auch hier habe ich dafür argumentiert, dass die Vorherbestimmung nur eine Seite der Medaille ist. Es ist selbstverständlich, dass die Macht Gottes in einem religiösen Text wie dem Koran immer wieder hervorgehoben wird, in dem das Göttliche voller Nachdruck spricht und betont, dass es unser Leben und unser Schicksal vollständig unter Kontrolle hat.

Gleichzeitig machen wir aber auch andere Erfahrungen in

unserem Leben. Wir wissen beispielsweise, dass die Lebenserwartung im vergangenen Jahrhundert stark gestiegen ist und dass man einiges tun kann, um länger gesund zu bleiben, statt sich so zu verhalten, dass es einem schadet. Die richtige Ernährung, Medikamente, Sport … Nun wird es Leute geben, die sagen, dass uns Gott auch diese Mittel beschieden hat. Dagegen ist nichts einzuwenden. Trotzdem muss man etwas dafür tun. Um das Göttliche zu verstehen und mit ihm in Berührung zu kommen, muss man in dieser Welt leben. Um die Erfahrung des Göttlichen schätzen zu lernen, muss man sich zu den Herausforderungen des irdischen Lebens verhalten. Da reicht es nicht aus, einfach nur herumzusitzen und zu warten und zu denken: Gott hat ohnehin alles arrangiert, ich werde nichts an meinem Leben verbessern, ich will nicht dazulernen, will mich nicht entwickeln. Das wäre keine gute Art, Muslim zu sein.

Wenn wir über Dogmen und Wahrheit sprechen, müssen wir auch daran denken, dass sich ein weiteres damit verwandtes Problem nicht nach innen richtet, an die Gläubigen, sondern nach Außen, an die Andersgläubigen: die Frage der Toleranz. Wie steht der überzeugte Gläubige zu den Glaubenswahrheiten anderer oder zu deren Nicht-Glauben?

Auf einer praktischen oder ethischen Ebene stellt sich dieses Problem in meinen Augen weniger dringend, als manchmal behauptet wird. Natürlich gibt es im Islam bestimmte feste Rituale wie die Pilgerfahrt oder das Almosengeben. Doch glaube ich nicht, dass sich die ethischen Überzeugungen des Islam, die hinter diesen Ritualen stehen, stark von denen anderer Religionen unterscheiden. Der ethische Kern ist immer derselbe: Alle Religionen handeln letztlich von der Verantwortlichkeit des Menschen nicht nur seiner Familie gegenüber, sondern auch gegenüber der Menschheit im Ganzen. Alle Religionen wollen den Menschen dazu anhalten, die Interessen der anderen in ihr Handeln mit einzubeziehen. Darüber hinaus, dass man andere nicht schädigen soll, gehört es auch zum Mensch-Sein, aktiv für andere zu sorgen, über alle ethnischen und nationalen Grenzen hinweg.

Das Toleranzproblem stellt sich trotzdem. Nun ist der Islam die letzte, die historisch jüngste der Schriftreligionen; insofern sind wir Muslime in der glücklichen Lage, indem wir Jesus und Moses als große Propheten anerkennen, etwas mit den Angehörigen der anderen beiden Schriftreligionen zu teilen. Von muslimischer Warte aus gesehen ist es also nicht der Glaube an Jesus oder Moses als Gesandte Gottes, der uns von den anderen trennt.

Für eine Toleranz im Vollsinne reicht das allerdings nicht aus. Schließlich kann man von einem Juden oder einem Christen nicht verlangen, an das Prophetentum Mohammeds zu glauben. Was wir hier brauchen, ist also der Respekt vor anderen Religionen; wir dürfen nicht darauf beharren, dass unser Glaube der einzig mögliche oder einzig wahre Glaube ist. Und dieses Gebot der Toleranz gilt nicht nur für die beiden anderen Schriftreligionen, sondern im Grunde für alle, beispielsweise auch für Hinduismus und Buddhismus. Als Muslim ist man sogar angehalten, alle anderen Religionen zu achten, denn gemäß dem Koran wissen wir ja gar nicht, wie viele anderen Propheten Gott den verschiedenen Völkern geschickt hat. Wir kennen sie nicht, weil uns ihre Namen nicht genannt wurden, wie die vierte Sure erklärt:

> 163. Siehe, Wir haben dir Offenbarung gegeben, wie Wir Noah Offenbarung gaben und den Propheten nach ihm und wie Wir Abraham und Ismael und Isaak und Jakob und ihren Nachkommen und Jesus und Hiob und Jonas

und Aaron und Salomo Offenbarung gaben. Und David gaben Wir die Psalmen. 164. Und von (einigen) Gesandten haben Wir dir vorher erzählt, und von (anderen) Gesandten haben Wir dir nicht erzählt – und mit Moses redete Gott wirklich –, 165. von Gesandten als Freudenverkündern und Warnern, damit die Menschen nach (dem Erscheinen von) Gesandten keine Entschuldigung hätten. Und Gott ist mächtig und weise.

Ähnlich heißt es in Sure 40:

> 78. Wir entsandten Gesandte ja schon vor dir. Von einigen unter ihnen erzählten Wir dir, und von anderen erzählten Wir dir nicht. Keinem Gesandten jedoch war es gegeben, mit einem Wunder zu kommen, außer mit Gottes Erlaubnis.

Natürlich stehen unsere Dogmen, an deren Wahrheit wir glauben, und die Dogmen anderer Religionen bisweilen im Widerspruch. Trotzdem müssen wir akzeptieren, dass es sich eben um eine Form relationaler Wahrheit handelt – unsere Dogmen sind wahr nur *für uns!* Der Glaube an die Wahrheit der Dogmen und der Glaube an die Notwendigkeit der Toleranz stehen also in einem gewissen Spannungsverhältnis; aber es handelt sich um eine jener Spannungen, von denen ich gern sage, dass sie das Leben reicher und tiefer machen.

Bei einer anderen, weniger relationalen, sondern eher orthodoxen Glaubensauffassung besteht die Gefahr, dass Dogmen so rigide ausgelegt werden und sie sich so stark verhärten, dass sie eine Akzeptanz anderer nicht zulassen. Orthodox heißt ja nichts anderes als: richtig glaubend, das richtige Verständnis besitzend. Die Vorstellung, dass es eine richtige Auslegung zentraler Glaubensinhalte gibt – und daneben mehrere falsche –, verschließt den Gläubigen sowohl nach innen als auch nach außen. Wenn wir dagegen ein offenes Verständnis der Dogmen entwickeln, könnten wir Muslime sowohl unseren eigenen Glauben besser leben, ihn befreiter reflektieren, lebendiger halten und besser dazu lernen – als auch den Glauben anderer als Zeichen der Vielfalt und des Reichtums der Menschen wertschätzen.

Und darüber hinaus müssen wir auch das Nicht-Glauben akzeptieren. Einem gängigen Missverständnis zum Trotz gibt es im Koran keine weltliche Strafe für den Abfall vom Glauben. Sure 16 macht deutlich, dass die Bestrafung dafür keinem weltlichen, sondern dem Jüngsten Gericht obliegt:

> 106. Wer Gott verleugnet, nachdem er gläubig war – außer dem, der gezwungen wird, während sein Herz im Glauben Ruhe gefunden hat –; nein, diejenigen, die ihre Brust dem Unglauben öffnen, über die kommt ein Zorn von Gott, und bestimmt ist für sie eine gewaltige Pein. 107. Dies, weil sie das diesseitige Leben mehr lieben als das Jenseits und weil Gott die ungläubigen Leute nicht rechtleitet. 108. Das sind diejenigen, deren Herz, Gehör und Augen Gott versiegelt hat. Und das sind die, die alles unbeachtet lassen. 109. Zweifellos sind sie im Jenseits die Verlierer.

Erst später haben Rechtsgelehrte und politische Autoritäten die Abkehr vom Islam unter Strafe gestellt, wofür sie als stärkstes Argument einen Vers aus Sure 2 angeführt haben, der sich tatsächlich ebenfalls auf eine jenseitige Strafe bezieht:

> 217. … Diejenigen von euch, die sich nun von ihrer Religion abwenden und als Ungläubige sterben, deren Werke sind im Diesseits und im Jenseits wertlos. Das sind die Gefährten des Feuers; sie werden ewig darin weilen.

Denen, die sich vom Glauben abwenden, droht nach diesem Vers das Höllenfeuer; auf jeden Fall aber wird laut dem Koran die Bestrafung dem Göttlichen überlassen. Es steht anderen Menschen nicht zu, Atheisten oder Nichtgläubige zur Rechenschaft zu ziehen oder gar zu verfolgen.

Nun bin ich natürlich keineswegs der einzige, der heute versucht, sich den zentralen islamischen Dogmen mit neuem Blick zu nähern. So hört man in den letzten Jahren beispielsweise oft davon, dass das „Tor des *idschtihad*" wieder geöffnet werden müsse. Es gibt Internetseiten dazu, und viele Muslime wie Nichtmuslime versprechen sich davon große reformatorische Impulse.

Der Begriff *idschtihad* stand zunächst generell für das individuelle Nachdenken, zum Beispiel für das Bemühen, die Botschaft einer koranischen Passage auf einen bestimmten Kontext anzuwenden. Die *ulama* – die geistlichen Experten, die befugt waren, *idschtihad* zu betreiben –, erörterten vielfältige Fragen bezüglich der Offenbarung und ihrer Konsequenzen für die religiöse Praxis und die Rechtsprechung, bis die Vertreter aller vier Rechtsschulen zu dem Schluss kamen, sie hätten sämtliche strittigen Fragen hinreichend geklärt. Für dieses so genannte Schließen des Tors des *idschtihad* lässt sich kein genauer historischer Zeitpunkt angeben; es wird ungefähr zu Ende des 13., Anfang des 14. Jahrhunderts n. Chr. gewesen sein. Von nun an sollte es nur noch um das Anwenden der bereits verfassten Doktrinen gehen, nicht mehr um deren neuerliche Diskussion.

Nun sprechen also manche heutigen Muslime davon, man müsse dieses „Tor" wieder öffnen, also die früheren theologischen Debatten wieder aufnehmen, um islamische Glaubensinhalte neu zu denken, zu reformieren, zu erneuern. Der eingangs erwähnte Islamwissenschaftler Tariq Ramadan, ein Vertreter des „Euro-Islam", ist einer, der dies versucht und damit auch teilweise großen Zuspruch gerade unter jüngeren europäischen Muslimen erfährt.

Aber die große Hoffnung, die sich mit einem solchen Unternehmen verbindet, teile ich nicht. *Idschtihad* bedeutet nämlich definitionsgemäß nicht, etwas Neues in unser Verständnis von Religion zu bringen oder etwas wirklich zu erneuern. *Idschtihad* bedeutet eigentlich, innerhalb der Tradition unter den verschiedenen Ansichten zu einem Thema die geeignetste Lösung zu finden. Diese Suche nach Neuem ist immer noch darauf begrenzt, mit dem zu arbeiten, was sich innerhalb der traditionell gesteckten Grenzen finden lässt.

Dabei nimmt *idschtihad* die Tradition als gegeben an und wendet sich dem zu, was unsere Vorfahren gesagt und gedacht und erreicht haben. Und natürlich ist es richtig, an den Reichtum früherer islamischer Kulturen zu erinnern; einiges können wir Heutigen daraus lernen, und auf jeden Fall sind die Leistungen unserer Vorgänger anzuerkennen. Das reicht aber nicht aus: Wenn wir uns darauf beschränken, Verlorenes und Vergessenes wiederzuentdecken, machen wir uns zu Gefangenen des 10., 11. und 12. Jahrhunderts. Heute sehen wir uns aber nun einmal mit Problemen konfrontiert, die unseren Vorfahren nicht im Traum eingefallen wären; die Vergangenheit allein kann uns nicht helfen, und *idschtihad* ist ein vergangenheitsbezogenes Denken.

Zudem ist *idschtihad* eng an die Vorstellung eines islamischen Rechts angelegt; dann geht es meistens darum, einen rechtlichen Präzedenzfall zu finden, an dem man sich in einem anderen Fall orientieren kann. Wir heute können uns wohl kaum damit begnügen, bloß das islamische Recht zu reformieren. Ich glaube daher, wir sollten noch viel weiter gehen und versuchen, unser Offenbarungsverständnis, unsere Dogmen und Moralauffassungen wirklich neu zu durchdenken. Wenn die gesamte Tradition einer kritischen Interpretation und Prüfung unterzogen werden soll, lässt sich das mit den Mitteln des *idschtihad*, der selbst auf dieser Tradition aufbaut, nicht leisten. Kritisches muslimisches Denken muss weiter gehen und breiter angelegt sein als *idschtihad*; und es muss erlaubt sein, dafür jede wissenschaftliche, ob historische oder philologische Methode heranzuziehen, sofern sie geeignet scheint, unser Wissen und Verständnis zu vertiefen.

Zwar kann oder muss nicht jeder Muslim ein Wissenschaftler sein und als solcher Koran und Sunna untersuchen; aber es sollte doch zumindest jeder Muslim die Möglichkeit haben, sich wissenschaftliche Arbeiten zum Koran oder deren Ergebnisse anzusehen und von ihnen zu lernen. Wenn sich solches Wissen verbreitet und endlich Eingang findet in das Erziehungssystem der islamischen Welt, würde es vielen Muslimen helfen, sich neu mit dem Koran und ihrer Religion zu befassen. Ich denke hier an das Wissen von dem, was man den Makro- beziehungsweise den Mikrokontext des Korans nennen könnte: Der Makrokontext betrifft die allgemeine politische und soziale Situation Arabiens zur Zeit Mohammeds, und der Mikrokontext sind die konkreten Fragen und Zweifel, Erlebnisse und Handlungen Mohammeds und seiner Gemeinschaft, auf die der Koran in der beschriebenen Weise antwortet.

Im Moment ist das Wissen um diese Hintergründe bei den meisten Muslimen allerdings noch sehr begrenzt und erschöpft sich meist in traditionellen Lesarten. Zwar bieten im Internet unzählige Websites ihre Auskünfte zu islamischen Themen an; aber die meisten sind entweder ganz traditionell, oder aber sie improvisieren fröhlich darauf los und betreiben ohne jede

Grundlage ihren eigenen *idschtihad*. Keines von beidem bringt uns weiter.

Damit will ich natürlich in keiner Weise das Recht jedes Muslims und jeder Muslimin bestreiten, den Koran selbst zu lesen und sich eigenständig mit ihm auseinanderzusetzen. Der Koran ist das heilige Buch, die heilige Schrift jedes Einzelnen, sie haben das Recht, damit frei zu kommunizieren. Aber welche religiösen Erfahrungen man damit macht, ist sehr individuell und braucht nicht zur Norm für andere zu werden. In der Auseinandersetzung mit einem arabischsprachigen Text aus einem sehr viel früheren Jahrhundert gibt es nun einmal akademische Regeln. Erfahrung ist nicht dasselbe wie Wissenschaft; eins kann das andere nicht ersetzen. Jeder einzelne Gläubige macht beim Gebet und bei der Koranlektüre seine eigenen Erfahrungen, er kann sie auch ausdrücken und mit anderen teilen – aber es bleibt eine individuelle Erfahrung. Wissenschaft hingegen versucht etwas herauszufinden, das über persönliche Erfahrung hinausgeht.

In diesem Sinne meine ich, dass der selbst betriebene Internet-*idschtihad* anderen Gläubigen nicht wirklich etwas Hilfreiches an die Hand gibt: Er kann philologisches und historisches Wissen nicht ersetzen. Dennoch ist natürlich jeder Muslim, ob Mann oder Frau, Araber oder Nichtaraber, darin zu ermutigen, mit dem Koran und mit der Tradition des Propheten zu kommunizieren. Diese Kommunikation ist sehr wichtig, schon allein, weil sie einen davor bewahren kann, blindlings alles zu glauben, was andere über die Inhalte des Korans oder der Sunna behaupten.

Selbst wenn man wenig sicheres Wissen besitzt, hat man ja immer noch den eigenen Verstand, um zu überlegen: Ist das plausibel? Hätte Mohammed so etwas wohl gesagt oder nicht? Der Mensch besitzt die Fähigkeit zu urteilen, die darf er auch gebrauchen. Auch hier wird das Urteil, das dabei herauskommt, nicht immer einer gründlichen Prüfung standhalten, es wird kaum wissenschaftlichen Standards entsprechen; aber es ermächtigt den einzelnen Gläubigen. Es schafft eine Basis, um zu diskutieren.

Zu diesem Schritt muss man allerdings den Mut aufbringen. Die meisten Muslime, die ich treffe, insbesondere die in Europa, meinen entweder ohnehin schon alles zu wissen, oder sie bitten in sämtlichen kritischen Situationen um eine Fatwa, ein Rechtsgutachten, und erhoffen sich davon eine vermeintlich verbindliche Auskunft. Sie wollen, dass ihnen gefälligst ein Rechtsgelehrter sagt, wo es lang gehen soll, und sie sind nicht bereit, selber das Risiko auf sich zu nehmen, einen Fehler zu begehen. Aber Fehler gehören dazu; Gott ist der Vergebende! Wir müssen versuchen, so gut zu sein, wie wir können; aber wir brauchen nicht perfekt zu sein. Niemand ist perfekt, und der übertriebene Wunsch nach Perfektion kann uns sogar in die Borniertheit treiben.

Wir müssen die Muslime ermutigen, für sich selbst zu denken, brauchen dafür andererseits aber auch eine vernünftige islamische Erziehung. So etwas gibt es leider noch nicht, auch nicht in Deutschland. Zwar hat man in Deutschland damit begonnen, muslimische Religionslehrer auszubilden; aber deren Studium liegt meistens eine ganz traditionelle islamische Theologie zugrunde. Selten bringt man den Leuten bei, selbst zu forschen. Schließlich besteht das Interesse der europäischen Institutionen darin, Lehrer auszubilden, die jungen Muslimen in Deutschland den Islam beibringen sollen. Dabei geht es um eine normative Form des Islam; die Schüler sollen erklärt bekommen, an welche Dogmen sie glauben sollen. Aber wir sind bereits überladen mit Dogmen – wir brauchen nicht noch mehr davon! Wir brauchen weder mehr sunnitische noch schiitische Dogmen. Wer noch nicht genug hat, der kann mehr davon in der Moschee finden, jeden Freitag. Was diese muslimischen Lehrer eigentlich bräuchten, wäre die Fähigkeit, die Dogmen kritisch zu untersuchen, nicht nur, sie weiterzugeben.

Das würde auch in dem Unterricht, den die Lehrer ihren Schülern geben, Raum für einen gewissen Pluralismus schaffen. Ein Muslim sollte nämlich die Gelegenheit erhalten, mehrere unterschiedliche Stimmen zu einem Thema zu hören. Er sollte nicht einem einzigen Lehrer verpflichtet sein und glauben, dies sei die einzige Person, die etwas über den Islam wisse und ihn verstehe.

Das ist aber genau das Problem, das wir heute oft beobachten können: Viele Muslime glauben an Personen statt an Ideen, sie vertrauen blind ihren Lehrern und schenken Namen Autorität. Dabei grenzt es fast schon an Götzenanbetung, wenn man seinen ganzen Glauben an den Auskünften einzelner Menschen ausrichtet. So hat sich der Islam nicht entwickelt, so ist er nicht entstanden; im Gegenteil, vor dieser Art von Autoritätsgläubigkeit warnt sogar das Sprichwort: „Beurteile die Meinung einer Person nach Maßgabe der Vernunft, statt deinen Glauben an der Meinung der Person zu messen." Auch die frühen Muslime sind nicht Muslime geworden, weil sie Mohammed vertraut haben – sondern weil sie von dem überzeugt waren, was Mohammed ihnen verkündete.

In diesem Buch, das ja den Koran, die Offenbarung, zum Thema hat, ist die Sunna, also die Überlieferung, nur gelegentlich und höchstens am Rande vorgekommen. Die Unterscheidung zwischen beidem, Sunna und Koran, sieht traditionell so aus, dass der Koran das Wort Gottes enthält, während sich die Sunna ihrerseits aus den Worten und tradierten Verhaltensweisen des Propheten (Hadith) zusammensetzt sowie dem, was Mohammeds Zeitgenossen über ihn berichteten (*sira*, die Biographie des Propheten).

Diese einfach scheinende Unterscheidung ist auf den zweiten Blick etwas komplexer: Denn nach muslimischer Auffassung sind auch die Hadithe, also die Prophetenworte und Verhaltensweisen, von Gott inspiriert. Manche Theologen sprechen in diesem Zusammenhang von Inspiration – *wahy*. Demnach würden sie derselben Kategorie angehören wie der Koran. Nach der klassischen Auffassung ist der Koran allerdings Offenbarung in wörtlicher Form, an deren Formulierung Mohammed keinen Anteil hatte. Demgegenüber enthalten die Hadithe Inhalte, die von Gott zwar inspiriert, aber von Mohammed formuliert wurden. Der Inhalt ist also göttlich, die Form stammt von Mohammed. Nun, allein diese Unterscheidung zwischen Inhalt und Form stimmt jeden heutigen Sprachwissenschaftler schon skeptisch. Und auch die Geschichte der Entscheidung über die Sunna ist aufschlussreich: Erst ab dem 2. Jahrhundert islamischer (also ungefähr dem 8. Jahrhundert christlicher) Zeitrechnung galt es als unstrittig, dass auch die Sunna von Gott inspiriert sei; davor war diese Frage Gegenstand theologischer Diskussionen.

Wie ist es überhaupt dazu gekommen, dass wir die göttliche Botschaft an Mohammed in zwei so unterschiedlichen Formen vorliegen haben? Bereits zu Mohammeds Zeiten wurde der Koran – beziehungsweise seine Verse, die man wenig später in die uns heute bekannte Reihenfolge brachte – in liturgischen Kontexten rezitiert. Mohammed selbst meinte zu seinen Anhängern, sie sollten unterscheiden zwischen dem, was er als individuelle Person äußerte, und dem, was er als Gottes Botschaft übermittelte, die ihm als Prophet geoffenbart worden war.

Erst später machte sich die muslimische Gemeinschaft auf die Suche nach Mohammeds Aussprüchen und Handlungen. Die Art und Weise, wie er seinen religiösen Pflichten nachgekommen war und die Riten verrichtet hatte, wurde als bindend angesehen; sie galt als Umsetzung der koranischen Anweisungen. Je weiter sich die muslimische Gemeinschaft ausbreitete, je stärker der Bedarf nach legalen Regelungen wuchs, desto mehr suchten sie nach Hinweisen in dem, was von Mohammed eventuell, über den Koran hinaus, überliefert war. Das arabische Wort Sunna meinte ursprünglich nicht die Tradition Mohammeds, sondern ganz generell Tradition; solange der Koran etwas nicht regelte, wurde es gemäß der Tradition gemacht. Später sprach man von Sunna nur als der Tradition des Propheten, und erst später nahm das Wort Sunna diese, uns auch heute noch geläufige, Bedeutung an.

Die Authentifizierung der Sunna ist noch deutlich komplizierter als beim Koran, weil sie ja viel später, in verschiedenen Sammlungen und von verschiedenen Autoren niedergeschrieben wurde. Schon damals hat man sich, indem man akribisch die Kette sämtlicher früherer Überlieferer der jeweiligen Prophetenworte angab, um deren Authentifizierung bemüht. Von den diversen Sammlungen von Hadithen gelten die von dem nach seinem usbekischen Geburtsort Buchara benannten al-Buchari (810–870) und seinem aus dem persischen Nischapur stammenden Zeitgenossen Muslim ibn al-Hadschdschadsch (817–875, meist nur „Muslim" genannt) als die zuverlässigsten. Beide sammelten zunächst viele tausend Hadithe – al-Buchari 600 000, Muslim 300 000 –, bevor sie daraus diejenigen, ungefähr drei- bis viertausend, unterschiedlichen Hadithe auswählten, die sie jeweils als zuverlässig befunden hatten. Allerdings gelten auch einige der von al-Buchari notierten Prophetenworte als weniger gesichert als andere. Unter Wissenschaftlern ist das eine bekannte Tatsache, aber viele Muslime wissen das nicht. Al-Bucharis Sammlung gilt als dermaßen sanktioniert, dass manche Eide darauf geschworen werden, als ob es ein heiliges Buch sei.

Tatsächlich aber ist genau die Frage der Authentifizierung der Grund, warum alle Fragen, die sich uns beim Koran stellen, in noch viel stärkerer Form auftauchen, wenn wir über die Sunna sprechen. Haben wir die exakte Äußerung Mohammeds vorliegen oder nur etwas, das dem ungefähren Sinn nach mündlich überliefert wurde? Meiner Auffassung nach spricht einiges dafür, mithilfe bewährter Verfahren der philologischen Forschung die Frage der Authentifizierung wiederaufzunehmen. Denn immer wenn es heißt, dass eine Debatte abgeschlossen sei, muss man sich klar machen: Es waren Menschen, die eines Tages entschieden haben, diese Debatte zu beenden. Man kann sie wiederaufnehmen! Keine Diskussion ist ein für allemal abgeschlossen, wenn es Gründe gibt, dieselben oder andere Fragen noch einmal neu zu stellen.

14. Fundamentalismus und moderne muslimische Identität

Zu Beginn des Buches bin ich bereits darauf zu sprechen gekommen, dass sich Muslime schon seit langem in der Situation befinden, anderen immer wieder beweisen zu müssen, dass der Islam keine schreckliche Religion, keine Religion des Krieges und der Aggression, sondern eine wundervolle, eine schöne Religion ist. Ich nenne diesen Impuls, sich zu verteidigen, und die Argumente, die daraus entspringen, den apologetischen oder polemischen Diskurs. Und dieser Diskurs hat viel mit dem zu tun, was wir heute als Fundamentalismus bezeichnen. Der Begriff des Fundamentalismus ist übrigens nicht im Zusammenhang mit dem Islam entstanden, sondern mit einer konservativen protestantischen Reformbewegung in den USA, die von ihren Sympathisanten so genannt wurde. Ihre Anhänger bezogen sich auf eine Schriftenreihe mit dem Titel „The Fundamentals" und beanspruchten für sich, zu einem vermeintlich ursprünglichen Verständnis der Bibel zurückzukehren, das sie modernen, insbesondere auch historisch-kritischen Interpretationen gegenüberstellten.

Genauso täuschen die islamischen Fundamentalisten sich und andere über ihre Auslegung des Korans und der Traditionen. Wie ich zu zeigen versucht habe, ist es weder möglich, die eine bestimmte ursprüngliche Lesart des Islam wiederzufinden – von Beginn an war der Islam in Bewegung, ein Ergebnis der Diskussion über und der Adaption an bestimmte Verhältnisse. Noch wäre es wünschenswert, bei einem Islamverständnis des frühen 7. Jahrhunderts n. Chr. stehen zu bleiben.

In gewisser Weise aber verbaut der polemische Diskurs, weil

er ja vor allem auf die Abwehr äußerer Anwürfe konzentriert ist, den Muslimen die notwendige Beschäftigung mit Reform und Weiterentwicklung – und das nicht erst seit dem späten 20. Jahrhundert! Wenn man sich mit der Geschichte dieses apologetischen Diskurses beschäftigt, fällt einem auf, dass seine Wurzeln mindestens bis ins 19. Jahrhundert zurückreichen. Er entstand im Zusammenhang mit der europäischen Expansion, im Kolonialismus, als die europäischen Staaten in Teile der muslimischen Welt vordrangen, um sich deren Bodenschätze, Anbauflächen und Arbeitskräfte zunutze zu machen.

Diese ökonomisch motivierte Invasion der muslimischen Welt wurde begleitet von einem intellektuellen Diskurs seitens der Europäer, der eine ganz bestimmte Form annahm. Zum Beispiel wundern wir uns heute bisweilen, oder verwahren uns dagegen, dass sämtliche Menschen, die aus mehrheitlich muslimischen Ländern nach Westeuropa eingewandert sind, als Muslime adressiert werden. Das erweckt den Anschein, als ob sie eine einzige ethnische Gruppe darstellten, obwohl doch Ägypter und Iraner und Türken und Kurden, Sunniten und Schiiten und auch viele nicht-gläubige „Muslime" unterschiedlichen Gruppen angehören, sowohl sozial als auch ethnisch als auch religiös. Aber schon zur Kolonialzeit wurden Bewohner der unterschiedlichsten Länder zu einer einzigen Masse von Muslimen zusammengefasst. Die Bevölkerungen von Indonesien, Indien und Nordafrika gehörten für die Kolonisatoren alle in dieselbe Kategorie. Denn um mit den Bewohnern ihrer Kolonien umzugehen, mussten sie sie identifizieren, sie mussten einen Namen für sie finden; und der gemeinsame Name für die Bewohner all dieser Länder war: Muslime. Ganz einfach.

Als sich die Kolonialmächte in der muslimischen Welt ausbreiteten, wurden die militärischen und ökonomischen Handlungen von einem intellektuellen Diskurs begleitet, nach dem diese Muslime als rückständig, unzivilisiert und barbarisch angesehen wurden; die Ursachen dafür wurden im Islam gesucht und auch gefunden, von dem sich das Christentum hingegen positiv abhob. Die Kolonisatoren benutzten die Schwäche der islamischen Welt als intellektuelle Waffe, indem sie den Islam dafür verantwortlich machten. Sie betrachteten und behandelten die islamische Welt nur als „islamisch" und übergingen alle Teilidentitäten wie indisch, indonesisch oder arabisch.

Die Lage verkomplizierte sich dadurch, dass die Kolonisierten begannen, diese ihnen aufgedrückte Identität widerspruchslos zu akzeptieren; denn die Internalisierung einer dermaßen auf einen Faktor reduzierten Identität führte in die Identitätskrise. Und so schien der Fortschritt der islamischen Welt in Richtung der Moderne von einem Erfordernis abzuhängen: Dass man vom Islam absah oder ihn gänzlich verwarf.

Als Beispiel mag es genügen, an den französischen Philosophen Ernest Renan (1823–1892) zu erinnern sowie an den französischen Politiker und Historiker Gabriel Hanotaux (1853–1944), der mehrere Jahre lang französischer Außenminister war. Renan behauptete die vollständige Inkompatibilität zwischen dem Islam einerseits und der Philosophie und Wissenschaft andererseits. In seiner Doktorarbeit über Averroes von 1852 argumentierte er, dass alles, was man gemeinhin als islamische Wissenschaft oder Philosophie bezeichne, nur Übersetzungen aus dem Griechischen enthalte. Wie alle Offenbarungsreligionen stehe der Islam Vernunft und eigenständigem Nachdenken feindlich gegenüber.

Auch Hanotaux hielt den Islam für die Rückständigkeit der muslimischen Welt für verantwortlich. Seine Behauptung fußte auf einem theologischen Unterschied zwischen Islam und Christentum. Seiner Auffassung nach schuf das Dogma der Menschwerdung Christi eine Verbindung zwischen Gott und dem Menschen, wodurch letzterer vom Determinismus befreit wurde. Der reine Monotheismus (*tauhid*) des Islam hingegen schaffe eine unüberbrückbare Kluft zwischen Mensch und Gott und lasse keinen Raum für einen Freien Willen. Mit dieser theologischen Argumentation wollte Hanotaux den politischen Despotismus der muslimischen Welt erklären.

Diese Auffassung vertraten übrigens nicht nur die angeführten Polemiker des 19. Jahrhunderts, sondern es handelt sich um ein in der Geschichte der westlichen Beschäftigung mit dem Orient klassisches Stereotyp vom Islam. Wir finden dieses Klischee vom schicksalsergebenen Muslim bis heute. Auf solche Theorien mussten muslimische Reformer wie der aus Afghanistan stammende Jamal al-Din al-Afghani (1838–1897) und der Ägypter Muhammad Abduh (1849–1905) daher reagieren. Sie waren mit einem bestimmten Bild ihrer selbst konfrontiert und suchten Antworten. Dabei verwickelten sie sich in diverse polemische und apologetische Manöver. Manche entgegneten zum Beispiel, die These von der Vorherbestimmung sei im Islam nicht dominant. Diese Doktrin existiere nur innerhalb einer bestimmten theologischen Schule, und es gebe andere Schulen, die die Willensfreiheit betonen.

Um sich gegen die westlichen Stereotypen vom Islam zu verteidigen, griffen diese Denker also auf die Geschichte des islamischen Denkens zurück. Sie erinnerten auch daran, dass es im Islam keine Erbsünde gebe und dass laut dem Koran jeder Mensch für seine oder ihre eigenen Handlungen verantwortlich sei (unter anderem 2:48; 14:51; 16:111).

Von hier war der Weg nicht mehr weit, den Vorwurf zurückzugeben: Manche erklärten, dass es statt im Islam vielmehr im Christentum eine Art Kluft zwischen Gott und Menschen gebe, denn der Gläubige brauche ja die Kirche, in der er beten könne und wo die Sünden vergeben würden, wohingegen es im Islam keine Kirche gibt und niemand außer Gott Sünden vergibt.

Wenn es zu der Frage kam, warum gerade Europa in der Lage sei, sich den Rest der Welt so erfolgreich zu unterwerfen, behaupteten diese Muslime, die Europäer hätten diese Position nicht wegen, sondern trotz des Christentums erreicht. Wenn sich die Europäer strikt an die christliche Lehre gehalten hätten, meinte Muhammad Abduh, hätten sie keine Imperien errichten können, denn das Christentum sei eine Religion, die Unterwerfung propagiere sowie eine Trennung zwischen dem, was des Kaisers und was Gottes ist.

Der Islam hingegen befähige die ihm Angehörenden, Macht zu erlangen. Nur weil Europa das Christentum schon hinter sich gelassen habe, sei es so erfolgreich geworden; in der muslimischen Welt wiederum müsse man sich, um erneut Macht zu erlangen, wieder an den alten islamischen Werten orientieren.

Es geht mir hier nicht darum, im Einzelnen zu klären, welche all dieser Behauptungen beider Seiten richtig oder wahr sind. Das Wichtige an dieser Diskussion zwischen abendländischen Kolonisatoren und muslimischen Apologeten ist vielmehr ihre Struktur sowie die Frage, in welcher Weise sie Aussagen hervorbringt, die ein bestimmtes (Selbst-)Bild vom Islam entstehen lassen.

So lassen sich in dieser Argumentation bereits die historischen Wurzeln des modernen Fundamentalismus erkennen. Vereinfacht gesagt lautete der Gedankengang nämlich: Das Problem liegt nicht im Islam, sondern in unserem *falschen* Verständnis des Islam, in unserer unzureichenden Weise, den „wahren" Islam zu verwirklichen. Wir Muslime haben angefangen, den Islam misszuverstehen, und diesem Missverständnis verdanken sich alle Probleme der muslimischen Welt.

Wenn wir aber zu dem richtigen Verständnis des Islam zurück fänden, könnten wir auch wieder Macht und Einfluss erlangen, so wie unsere Vorfahren unter Sultanen und Kalifen. Denn diese waren ja in der Lage, große Reiche zu errichten – damals waren sie die Herren der Welt!

Auf diese Weise wird die Geschichte des Islam idealisiert: Man schaut zurück und vermeint in früheren Jahrhunderten goldene Zeiten zu erblicken. Im goldenen Zeitalter des Islam blühten die Literatur, die Wissenschaft, Musik, die Theologie, der Rationalismus, die Philosophie. Diese Blüte möchte man nun wiederbeleben.

Wieder geht es mir gar nicht darum zu bestreiten, dass es eine solche Blütezeit tatsächlich gegeben hat. Dennoch liegt in solch einer Argumentation bereits ein erster Fehler: Man kann das Mittelalter nicht wiederbeleben. Und diese Denker irrten sich auch, wenn sie meinten, in der Vergangenheit wäre alles zu finden, was für Fortschritt wichtig sei. Sie folgerten daraus, wir Muslime hätten es nicht nötig, Werte zu importieren oder von anderen Kulturen zu übernehmen – wir haben alles selbst, wir gehen einfach zurück zu unseren Vorfahren, dort werden wir alles finden, was wir brauchen.

Eine zweite Entwicklung begünstigte diese Haltung noch: Als die Kolonialisierten begannen, sich gegen ihre Kolonisatoren zu erheben, werteten sie auch die Werte ab, für die diese standen. Natürlich war es wichtig, die kolonialistischen Regimes abzuschütteln, aber es hatte auf politisch-ideologischem Gebiet eben auch so manchen Umweg zur Folge. Wenn sich die Kolonisatoren für Demokratie aussprachen, konnte Demokratie nichts Erstrebenswertes sein, so meinte man. Denn sobald man beginnt, einen Unterdrücker zu bekämpfen, bekämpft man immer auch die Kultur und Geisteshaltung, die man mit ihm verbindet.

Was nun die erwähnten apologetischen Reformer angeht, wollten sie mit der Rückbesinnung auf die einstige Blütezeit des Islam auch eine neue Interpretation des Islam vorantreiben, die offen war für ein neues Verständnis des Korans. Dieses neue Verständnis sollte in der Lage sein, „westliche" Ideen wie Gleichheit, Demokratie und Rationalismus aufzunehmen. Doch langsam, aber sicher bewegte sich die Entwicklung nach dem ersten Viertel des 20. Jahrhunderts in die andere Richtung, und immer mehr verfestigte sich die Vorstellung, der Islam selbst sei etwas Fixes, das an seinen Anfängen in seiner reinsten Form existiert hätte, zu der man wieder zurückkehren müsse.

Und wenn man sich die heutige Situation anschaut, gewinnt man den Eindruck, dass sich gar nicht so viel geändert hat. Gewiss, die Kolonisatoren sind besiegt, die nordafrikanischen und asiatischen Staaten wurden unabhängig. Aber das Gefühl der Unterlegenheit und der Impuls, sich gegen eine westliche Übermacht wehren zu müssen, sind geblieben. Und damit auch die entsprechende Geisteshaltung vieler Muslime.

Denn der weitere Verlauf des 20. Jahrhunderts hat an diesen Spannungen zwischen „Islam" und „Westen" nicht viel geändert; die ideologische Entwicklung des Fundamentalismus folgte dem einmal eingeschlagenen Weg. Wieder waren an dieser Entwicklung konkrete politische Umstände mit Schuld. Zunächst verursachte die Abschaffung des Kalifats durch Atatürk im Jahre 1924 in der muslimischen Welt große Verunsicherung. Die Einheit der *umma,* die das Osmanische Kalifat symbolisiert hatte, schien durch den Westen – der hinter der Abschaffung des Kalifats zu stehen verdächtigt wurde – gefährdet. Das Gefühl, dieser Einheit beraubt zu werden, verursachte in der gesamten muslimischen Welt ein richtiggehendes kollektives Trauma. Unmittelbar darauf gründete sich in Ägypten die

Muslimbruderschaft, deren Hauptanliegen es war, gegen die Verwestlichung anzukämpfen. Re-Islamisierung wurde zum Schlagwort der Bewegung, die die alte Einheit der *umma* unter der Flagge eines Kalifats wiederherstellen wollte. Dieses Vorhaben, ein neues Kalifat zu errichten, scheiterte; doch der Ruf nach einer Einheit der *umma* ist bis heute überall zu hören.

Und die Krise des Kalifats war nur der Anfang. Ebenfalls zu erwähnen ist die Errichtung des Staates Israel im Jahr 1947 auf Kosten der bisherigen Bewohner des Landes, der Palästinenser. Der Westen, insbesondere Großbritannien, unterstützte dies. Im selben Jahr unterstützte der Westen, wiederum vor allem Großbritannien, die Teilung des indischen Subkontinents, um mit Pakistan einen Staat für die indischen Muslime zu schaffen. Spätere Entwicklungen wie die Niederlage der Araber gegen Israel im Jahr 1967, der Sturz des Schahs 1979 sowie die Errichtung einer Islamischen Republik in Iran haben das Verhältnis zur westlichen Welt immer weiter verschlechtert. Die internationale Situation wurde aggressiver und brutaler, insbesondere nach dem 11. September; all das hat es für die nicht-westlichen muslimischen Länder schwieriger gemacht, die Ansprüche des Westens und seine Ideale wie Gleichheit und Demokratie anzunehmen.

Innerhalb der erwähnten frühen Reformbewegung war man zunächst sehr wohl in der Lage gewesen, zwischen den kulturellen Idealen Europas und der tatsächlichen europäischen Politik zu unterscheiden. Menschen wie beispielsweise Muhammad Abduh konnten sich mit dem intellektuellen Europa ernsthaft auseinandersetzen, während sie sich gleichzeitig gegen die Hegemonie der internationalen europäischen Politik wehrten. Aber diese Unterscheidung ging allmählich verloren. Übrig geblieben ist das Bild eines aggressiven Europa, das nicht nur das Land besetzt, sondern auch die Identität zerstört.

Der Kampf um diese Identität hat der Dimension einer intellektuellen Kommunikation mit Europa ein Ende gesetzt.

Die Differenzierung, dass man nicht den gesamten Westen hasst, sondern nur gegen die amerikanische Außenpolitik ist, gab es einmal, aber heute wird man sie nicht mehr finden. In Iran unter Mohammad Khatami war man zu dieser Differenzierung fähig und bereit; trotzdem hat George W. Bush in seiner berühmten Rede am 29. Januar 2002 den Iran der „Achse des Bösen" zugeordnet. Hier war der Westen leider unfähig, die Möglichkeit zum Gespräch zu sehen und zu ergreifen. Inzwischen ist nicht nur Iran, sondern beinahe die gesamte arabische Welt in einem Teufelskreis gefangen: Wenn ihr nicht fähig seid, mit uns zu kommunizieren – warum sollten wir dann versuchen, mit euch zu kommunizieren?

Die ökonomische Überlegenheit des Westens, seine Ressentiments und offenen Kriege machen es den Bevölkerungen des Nahen Ostens schier unmöglich, sich aus diesem Teufelskreis zu befreien. Denn je mehr man das Gefühl hat, sich verteidigen zu müssen, desto mehr klammert man sich an das Eigene. Und worin ist nun dieses Eigene zu finden? So wie die Bewohner aller möglichen kolonisierten Länder einst von den Kolonialmächten als Muslime kategorisiert worden waren, so gewann auch für sie selbst die muslimische Identität die Oberhand gegenüber allen anderen Formen von Identität.

Längst wurde die Idee einer muslimischen Identität von der breiten Bevölkerung internalisiert, von Marokko bis Malaysia, vom Sudan bis Tschetschenien. Diese Internalisierung erstarkt mit jeder echten oder vermeintlichen Bedrohung durch fremde Mächte, die ja keine Kolonisatoren im alten Sinne sein müssen: Der Eindruck deutlicher ökonomischer Vorherrschaft hat denselben Effekt, und eine weitere Quelle ist natürlich der Israel-Palästina-Konflikt.

Heute identifizieren sich Menschen aus den unterschiedlichsten Ländern vorrangig als Muslime. Dies hat die Idee der *umma,* wie sie im Kontext der Auflösung des Kalifats aufgetreten ist, noch stärker werden lassen. Wenn man allerdings fragt, was diese gemeinsame muslimische Kultur eigentlich ausmacht, wird man merken: Wir sprechen nicht dieselbe Sprache. Wir bereiten unsere Speisen unterschiedlich zu, wir hören unterschiedliche Musik, wir lachen nicht über dieselben Witze! Was wir tatsächlich gemeinsam haben, ist das Bekenntnis zur Lehre des Islam; wir gehen fünf Mal am Tag in die Moschee – zumindest in der Theorie –, wir fasten im Ramadan, und wir könnten uns eines Tages bei der Pilgerfahrt in Mekka begegnen.

Aber selbst die Art und Weise, wie wir diesen religiösen Pflichten nachkommen, ist nicht exakt dieselbe. Der Muslim, dessen Muttersprache nicht Arabisch ist, betet vielleicht auf Arabisch, ist sich aber nicht ganz sicher, was er da sagt, und kann aus dem Koran zwar vielleicht rezitieren, ihn aber nicht im Original lesen. Und von den etwa 1,4 Milliarden Muslimen, die heute leben, hat ungefähr eine Milliarde eine andere Muttersprache als das Arabische. Wir müssen beginnen, diese Idee des vermeintlich überall gleichen Islam, des immer gleichen Muslim-Seins, zu entmystifizieren; und im selben Atemzug müssen wir beginnen, diese Idee einer einzigen muslimischen Identität zu dekonstruieren.

Die Muslime in den Ländern Westeuropas stehen in der Öffentlichkeit und in ihrem Alltagsleben vor einer anderen Situation. Hier sehen sie sich mit Fragen konfrontiert, die von ihnen eine Erklärung verlangen: Warum tut der Islam dies? Warum sagt der Koran jenes? Warum befördert der Islam die Unterdrückung der Frau, und warum mögen Muslime keine Hunde?

Hier liegen Erklären und Verteidigen nahe beieinander, und der Grund hierfür ist in der Art zu finden, wie die Fragen gestellt und vermutlich auch intendiert sind: Sie werden in einem Tonfall des Vorwurfs geäußert; die verlangte Erklärung hat eigentlich den unausgesprochenen Hintergrund, erklären zu sollen, warum im Islam etwas anders oder gar schlechter sei als im Abendland. Das bringt Muslime in eine Situation, sich rechtfertigen zu müssen – sogar Muslime, die sich selbst gar nicht als gläubig bezeichnen würden!

Es entsteht die merkwürdige Situation, dass sogar Menschen, die selbst gar nicht an bestimmte religiöse Pflichten glauben, sich dazu gezwungen sehen, den Islam und die Muslime zu verteidigen, und zwar aus politischen Gründen und auf Basis der Menschenrechte. Ich habe bereits erklärt, warum ich selbst die Verschleierung der Frau nicht als vom Koran vorgeschrieben ansehe. Aber wenn ich dazu befragt werde, muss ich doch entgegnen: Warum will man diese Musliminnen ihrer Rechte berauben, ihre Religion so auszuüben, wie sie es für richtig halten? Warum sollen sie sich nicht kleiden, wie sie es wollen? Darin sehe ich eine Verletzung des Pluralismus.

Eine Identitätskrise entsteht nicht allein aus einer geschlossenen Gemeinschaft oder einer homogenen sozialen Gruppe heraus, sondern in Reaktion auf eine tatsächliche oder befürchtete äußere Bedrohung und momentan, leider, auf solche Unterstellungen und Vorwürfe gegen den Islam und die Muslime. Menschen, die immer wieder auf ihr Muslim-Sein angesprochen werden, die sich als Muslime Ressentiments gegenüber gestellt sehen, tendieren dazu, sich immer mehr als Muslime zu verstehen – und zwar ausschließlich als Muslime!

Doch eigentlich ist Identität natürlich keine Sache einer einzigen Zuordnung. Ich zum Beispiel bin zwar Muslim – aber eben nicht nur Muslim. Ich bin auch Ägypter, Araber,

Professor in den Niederlanden, Ehemann meiner Frau Ibtehal, ein Liebhaber klassischer Musik – ich besitze so viele Eigenschaften und Zugehörigkeiten, die gemeinsam meine Identität ausmachen. Denn es gibt keine singuläre Identität.

Wenn aber eine Dimension unserer an sich vielfältigen Identität angegriffen wird, gewinnt dieser Teil der Identität eine übermächtige Bedeutung. Im körperlichen Zusammenhang ist das nicht anders: In dem Moment, da jemand versucht, einem ins Gesicht zu schlagen, wird das Gesicht zum wichtigsten Teil des Körpers. Psychologisch reagiert der Mensch auf einen Angriff auf einen Teil seiner Identität mit dessen Verteidigung. Und der öffentliche Diskurs über die vermeintliche Rückständigkeit, Aggressivität oder sonstige Defizite des Islam funktioniert hier wie eine fortlaufende Serie von Angriffen. Man kann von einem richtigen Dilemma sprechen: Von einem sehr mächtigen Diskurs der Öffentlichkeit und der Medien umgeben, sind wir Muslime zu diesem Identitätsdiskurs gezwungen; und wie es alle Menschen in einer solchen Situation tun würden, internalisieren wir dies.

Durch dieses Dilemma werden Reformen erschwert, und dieses Dilemma hält die Mehrheit der Muslime gefangen, insbesondere, wenn es um Fragen zum Verständnis des Korans geht. Im 19. Jahrhundert gab es noch eine mächtige Strömung, den Islam zu reformieren, zu reinterpretieren, zu versuchen, moderne Werte zu integrieren. Heute hat die andere Richtung die Oberhand gewonnen: Man will zurückkehren zu dem traditionellen Islam. Beide Bewegungen sind Reaktionen auf einen Identitätsdiskurs, der von außen an die Menschen herangetragen und ihnen aufgezwungen wurde, aber zwischen beiden Antworten liegt ein großer Unterschied. Wenn man sagt: Ich bin ein Muslim, aber ich muss den Islam erneuern und neu durchdenken, greift man zwar auf die Tradition des Islam zurück, aber mit kritischer Absicht. Man ist gewillt zu überprüfen, was man vorfindet. Beide Formen, die kritisch-reformatorische und die orthodox-konservative, sind Antworten auf dasselbe Dilemma – aber eben unterschiedliche Antworten.

Wenn man nun die heutige Situation betrachtet, insbesondere den US-amerikanischen „Krieg gegen den Terror", der der terroristischen Ideologie eines „Wir gegen sie" neue Nahrung gibt, scheint wenig Anlass zur Hoffnung zu bestehen. Dennoch: Aufgeben kommt nicht in Frage. Wenn wir uns nur vorurteilslos genug in unsere Geschichte vertiefen, werden wir die gemeinsamen Wurzeln unserer Menschlichkeit freilegen können.

Der moderne, fortschrittliche, mächtige Westen – was immer „Westen" genau bedeuten mag – muss anerkennen, dass sein wissenschaftlicher und technologischer Fortschritt nur möglich war, weil er auf den Errungenschaften anderer Zivilisationen, darunter der islamischen, aufbaute. Umgekehrt müssen Muslime einsehen, dass den Arabern, die die muslimische Botschaft ursprünglich in die Welt zu tragen begannen, das Errichten einer großen Zivilisation nicht allein auf der Grundlage des Islam gelingen konnte. Dies war ihnen nur möglich dank der multikulturellen, multiethnischen und multireligiösen Verfasstheit des umayyadischen und des abbasidischen Reiches, vom Reich der Fatimiden in Nordafrika und Ägypten und von Andalusien im Westen ganz zu schweigen. Erst diese Mischung begünstigte die Entwicklung der philosophischen, theologischen, mystischen, rechtlichen und kulturellen Offenheit, die für die muslimische Zivilisation kennzeichnend ist.

Am wichtigsten ist es aber, dass sowohl der Westen als auch die muslimische Welt einsehen, dass die Trennung zwischen ihnen völlig künstlich ist. Der Islam ist Teil des Westens geworden, ebenso wie der Westen in jedem Winkel der islamischen Welt gegenwärtig ist. Insbesondere Europa muss sich umorientieren und die vielfarbige Zusammensetzung seiner Bevölkerung zur Kenntnis nehmen; die helle Hautfarbe ist nicht mehr die einzige Farbe Europas. Auch muss Europa seine Identität umdefinieren – nicht um den Islam als Religion anzunehmen, sondern um ihn als eine essenzielle Komponente der kulturellen Identität Europas zu akzeptieren, die vor unser aller Augen im Wandel begriffen ist.

Nachwort

Dieses Buch entstand auf der Grundlage einer Reihe von Interviews, die ich mit Nasr Hamid Abu Zaid im Sommer und Herbst 2007 in Leiden in englischer Sprache führte. Die Themen und Fragenkomplexe entsprechen ungefähr den jetzigen Kapiteln des Buches. In der Übersetzung und Bearbeitung bis zur Buchform bin ich weitestmöglich Abu Zaids Formulierungen gefolgt. Um sicherzustellen, dass das Manuskript dem von Abu Zaid Intendierten entspricht, hat Torang Sinaga M.A. von der deutschen Schriftfassung eine englische Übersetzung angefertigt; diese wurde von Abu Zaid durchgesehen, korrigiert und ergänzt.

Ziel dieses „Umwegs" über die Interviewform war es, Erträge von Abu Zaids Forschungsarbeit in einer Weise zu erfragen und sprachlich wiederzugeben, dass sie dem islamwissenschaftlichen Laien verständlich würden. Ebenfalls der leichteren Zugänglichkeit halber wurden arabische Namen und Begriffe, soweit sie nicht bereits eingedeutscht sind (wie „Koran" oder „Hadith"), in einer vereinfachten Umschrift ohne Sonderzeichen wiedergegeben und die Begriffe in kursiver Schreibweise im fortlaufenden Text erklärt. Die eingerückten Koranzitate stammen in der Regel aus der Übersetzung von Max Henning (in der Bearbeitung von Murad Hofmann) und Adel Th. Khoury und wurden teilweise noch leicht nachbearbeitet. Sämtliche Jahreszahlen entsprechen, auch wenn nicht eigens erwähnt, der christlichen Zeitrechnung.

Wir hoffen, dass dieses Buch seinen Leserinnen und Lesern als Einführung *in* den Koran oder auch als Unterstützung *bei* der Beschäftigung mit dem Koran dienen wird. Ob sie Muslime sind oder nicht, gläubig, skeptisch oder einfach nur zeitgeschichtlich interessiert: Bei vielen Lesern, die den Koran in deutscher Übersetzung lesen, tauchen früher oder später Fragen auf, bei denen die gängigen orthodoxen Anmerkungen und Auskünfte nicht weiterhelfen. Hier wird ihnen dieses Buch hoffentlich hilfreich sein – bei mir selbst jedenfalls war es so. In den Gesprächen mit Abu Zaid habe ich plötzlich Zusammenhänge verstanden oder sah zum ersten Mal Fragen aufgegriffen, die seit früheren Koranlektüren offen geblieben waren und mich teilweise schon sehr lange umgetrieben hatten, ohne dass ich sie in anderen Büchern zum Islam angesprochen fand.

Der Leser, der sich nun auf das vorliegende Buch einlässt, wird unter anderem feststellen, dass der Zugang, den Abu Zaid zum Koran eröffnet, eine verblüffende Fülle von Dimensionen in sich vereint. In manchen Punkten greift Abu Zaid Diskussionen auf, die unter den muslimischen Theologen des Mittelalters in aller Offenheit geführt wurden und die seither leider in Vergessenheit geraten sind; andere Aspekte sind entschieden modern oder nachgerade postmodern. Während Abu Zaid in allen Punkten wissenschaftlichen (insbesondere philologischen und historischen) Ansprüchen zu genügen sucht, zeugen seine Ausführungen gleichzeitig von einer tief empfundenen Religiosität und lebenslangen Vertrautheit mit traditionellen islamischen Glaubenspraktiken. Hier gehen die Perspektive des Wissenschaftlers und die des Gläubigen eine sehr eigene, beeindruckende Symbiose ein und zeigen, dass die so genannte historisch-kritische Perspektive auf Religion im Allgemeinen und den Islam respektive den Koran im Besonderen neue Fragen aufwerfen und neue Antworten bieten kann. Sie kann Reformbestrebungen innerhalb des Islam anstoßen und fortführen, die manchen gewiss ein Dorn im Auge sind; eines aber hat man von einer historisch-kritischen Lesart des Korans sicher nicht zu befürchten: Dass sie jene Sicht auf den zentralen Offenbarungstext des Islam auszulöschen oder auch nur zu relativieren sucht, die man religiösen Glauben nennt.

Hilal Sezgin